5가지 키워드를 활용한
주식 차트 실전 비법

SEKAIICHI WAKARIYASUI! KABUKA CHART JISSENCHO by Takao Shibuya

Copyright © Takao Shibuya, 2008

Illustrated by Hiroko Sakai

All rights reserved.

Original Japanese edition published by ASA Publishing Co., Ltd.

Korean translation copyright © 2021 by Dodreamedia.co.kr

This Korean edition published by arrangement with ASA Publishing Co., Ltd., Tokyo,

through HonnoKizuna, Inc., Tokyo, and Korea Copyright Center Inc.(KCC)

57가지 키워드를 활용한

주식 차트
실전 비법

시부야 다카오(渋谷高雄) 지음, 최윤경 옮김

한국경제신문 i

프롤로그

2005년의 버블 시절을 떠올려봅니다.

신규 공개 주식이 매일같이 상한가를 치고 단기간에 공모 가격의 10배 이상이 된 적도 있었습니다. 도쿄증권거래소 1부의 대형 주식조차 가장 싼값에서 10배 이상이 되는 현상이 속출할 정도로 버블이었습니다.

그중에는 자기자금을 200억 엔 가까이 늘린 사람도 있었습니다. 그런 버블 시장에서 저는 주식 매매로 연간 약 1,700만 엔의 이익을 보았습니다. '의외로 적네…'라고 생각하시는 분도 계실 것입니다. 하지만 그때 저는 약 4년에 걸친 시행착오를 거친 후에야 진짜 '주식 투자'를 이해할 수 있게 되어 회사를 다니면서도 매월 평균 100만 엔 전후의 이익을 얻게 되었습니다.

그런 단순한 직장인 트레이더에 불과했던 저였지만, 투자를 통해 사람들과 교류하며 2005년 여름에는 《주식 차트 패턴 투자술(月100万円 儲ける! 株 チャートパターン投資術)》이라는 책을 발행하게 되었습니다.

이 책은 예상외의 호평을 받아 1년 후인 2006년 여름에는 두 번째 책인 《주식 스텝업 강좌(下落相場でも半年で2500万円稼いだサラリーマントレーダーが教える! 株のステップアップ講座)》를 출간할 수 있었습니다. 그리고 그해 상반기, 주식 투자로 얻게 된 저의 이익은 매월 평균 약 500만 엔까지 이르렀습니다.

전년도의 연간 수입이 지금의 월 수입

믿을 수 없어 어리둥절하면서도 기쁜 마음이 드는 한편, 이 성적이

'진짜 내 실력일까?'

'아니면, 단순한 우연일까?'

하는 마음에 반신반의했습니다.

그리고 주식 투자에 본격적으로 도전하기 위해서 휴직하기로 했습니다. 불안한 마음은 있었지만, 스스로를 '배수의 진'에 몰아넣음으로써 더 진지하게 주식 시장에 맞서자고 결심했습니다.

그리고 그다음 해인 2007년, 주식 시장은 결코 좋지 않았습니다. 오히려 세계 증시 하락이나 서브프라임론 문제 등으로 뉴욕 시장이나 닛케이지수가 폭락하는 상황이 몇 번이나 있었습니다.

하지만 저는 주식 투자로 2년 전의 10배, 즉 매월 평균 1,000만 엔 이상의 이익을 올렸습니다. 그리고 2008년 3월, 감사하게도 아사 출판사의 제안으로 세 번째 책인 이 책을 출간하게 되었습니다.

그렇게 주식 투자를 시작하면서부터 지금까지 얻은 이익의 총액이 2억 엔을 넘었습니다. 저는 주식 투자로 이익을 내기 위한 일련의 과정이 대학이나 자격 시험에 합격하기까지의 상황과 비슷하다고 생각합니다.

기초 지식이나 매매에 대한 마음가짐을 익혔다면, 다음은 실천뿐이다!

진지하게 이 작업을 반복한 결과, 지금의 제가 있습니다.

저는 매매 기간을 수일에서 수 주일간, 고작 반년 이내로 잡는다면, 최종적으로 주가를 결정짓는 것은 '사고 싶은 힘'과 '팔고 싶은 힘'의 수급관계라고 생각하고 있습니다. 그것이 100%는 아닐지라도 대부분의 주가 차트에 반영됩니다.

이 책은 저와 같은 주식 매매 경험자가 평소 주가 차트를 어떻게 보면 좋을지 문제집으로써 활용해 실전에 대비할 수 있도록 만들었습니다.

기초적인 지식(5가지 키워드)을 습득하고 반복적으로 문제를 풀어보아 성공적인 주식 투자를 위한 기초 지식을 습득하면 좋겠습니다.

그럼 지금 당장 시작해봅시다!

시부야 다카오(渋谷高雄)

PART 01

주식으로 돈을 벌기 위해서는 요령이 필요하다!

PART 03
2004년~2007년의 닛케이지수를 읽고 이해하자

PART 04
차트 패턴별 연습 문제로 실전에 대비하자

PART
01

주식으로
돈을 벌기 위해서는
요령이 필요하다!

이 책으로 주가 차트 분석 능력이
확 올라갈 수 있는 이유는?

주가 차트 분석에 필요한 기술

혹시 '닛케이지수가 호조일 때가 아니면, 주식에서는 돈을 벌 수 없다'라고 생각하고 있지는 않나요? 그런데 사실 그렇지 않습니다. 닛케이지수가 어떤 상황이든지 간에 주식 차트(차트 1)를 해독하는 '기술적 분석' 방법을 이해하면, 단기간에 주식으로 이익을 얻을 수 있습니다.

기술적 분석이란, 과거 주식이나 거래량 등의 주식 시장 데이터를 바탕으로 앞으로의 주가 동향 등을 예측하고, 매매 타이밍을 노리는 분석 방법입니다. 물론, 기업의 업적이나 경영 내용 등을 분석(펀더멘탈 분석)해서 주식을 사는 것도 중요합니다.

하지만 그것만으로는 '이 주식 종목의 가장 적당한 매매 타이밍은 언

제일까?'라는 것까지는 판단이 서지 않습니다. 반면, 기술적 분석은 그 타이밍을 가늠하는 데 굉장히 효과적인 수단입니다.

저는 주식 매매는 개인적으로 투자 신탁을 운용하는 것과 같다고 생각합니다. 펀드에 맡길 것인지, 스스로 할 것인지의 차이만 있을 뿐입니다. 자신이 직접 매매할 때는 수치로 보이는 결과를 내는 것이 중요합니다. 이것은 마치 영업사원과 같습니다. 영업사원의 경우, 제대로 된 영업기술이 없다면 고객을 방문한다고 해서 영업성적으로 연결되지 않습니다. 주식 투자도 기술을 배우지 않고 막연하게 '주가가 내려가면 사고, 오르면 파는' 행위만 반복해서는 이익으로 연결되지 않습니다.

이 책에서는 이것만 알아두면 문제없다고 할 수 있는 기술적 분석 5가지 키워드를 설명하고, 그것을 기초로 해서 '어떤 경우에도 주가의 동향을 예측할 수 있는 기술'을 익힐 수 있을 것입니다. 그뿐만 아니라 '예상외의 움직임을 몇 가지 정도 이미지화하는 기술'을 기를 수 있습니다. 이것은 굉장히 중요합니다. 아무리 분석력을 높여도 100% 예측하는 것은 불가능하기 때문입니다. 자신이 예측한 시나리오가 빗나갔을 경우, 예상외의 움직임을 생각하는 힘을 기르지 않으면 대처할 수 없습니다. 그런 경우에도 유연하게 대응할 수 있도록 사전에 메인 시나리오 외에 몇 가지의 서브 시나리오를 준비해두는 것이 좋습니다.

종목을 식별하기 위한 코드로 실제로 주식을 주문할 때 필요하다.

XXX(7974) 2007년 6월 1일~2007년 12월 27일

5일 이동평균선

25일 이동평균선

봉 차트

거래량

출처 : 라쿠텐 증권의 'Market Speed'

주가 차트에서 이것만은 알아두자!

❶ 봉 차트, 이동평균선, 거래량의 3가
지 요소로 구성되어 있다.

❷ 상장한 회사의 주가는 전부 볼 수 있다.

❸ 주가 차트는 네이버 증권정보나 각
증권사 HTS를 이용하면 쉽게 볼 수
있다.

기본은 의외로 간단하네!
이 정도라면 나도 할 수
있을 것 같아.

제가 이와 같은 생각을 하게 된 데는 오랜 기간의 시행착오가 있었습니다. 그사이, 한 번에 500만 엔의 손실을 보기도 했습니다. 하지만 이 실패를 통해 저의 주식 투자에 관한 생각이나 자세가 만들어졌다고 할 수 있습니다. 그리고 지금의 저는 월 1,000만 엔 이상을 안정적으로 벌 수 있게 되었습니다. 이것은 과거의 실패로부터 얻은 것을 기반으로 주가 동향을 예측하는 힘을 기른 결과일 것입니다.

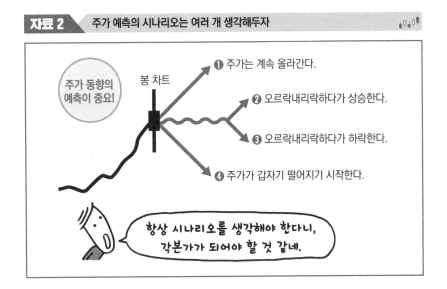

자료 2 주가 예측의 시나리오는 여러 개 생각해두자

주가 동향의 예측이 중요!

봉 차트

❶ 주가는 계속 올라간다.

❷ 오르락내리락하다가 상승한다.

❸ 오르락내리락하다가 하락한다.

❹ 주가가 갑자기 떨어지기 시작한다.

항상 시나리오를 생각해야 한다니, 각본가가 되어야 할 것 같네.

큰 손실을 낸 후 깨달은 것

제가 주식 투자를 시작한 것은 마침 IT 버블이 일어나기 시작할 무렵이었습니다. 저는 당시, 부동산 회사에서 근무하고 있었는데, 친구의 권유로 소니의 주식을 샀습니다. 그렇게 단 며칠 만에 5만 엔이라는 큰 이익을 얻게 되었습니다.

이때 제 연봉은 약 500만 엔 정도였는데, 주식으로 단기간에 5만 엔이나 벌게 되니 주식에 마음을 뺏길 수밖에 없었습니다. 그 후, 저는 주식에 관한 책을 사서 닥치는 대로 읽으며 공부하기 시작했습니다. 그렇게 1999년, 당시 저축해두었던 300만 엔가량을 주식에 투자했습니다. 그해 10월에는 인터넷 거래도 시작했습니다.

당시 저의 매매 방법은 다음과 같습니다.

❶ 포털 사이트 등에서 시세를 본다.
❷ 주가가 상승하고 있는 종목을 산다.
❸ 약간 이익이 나면 바로 팔아 몇만 엔 정도라도 번다.
❹ 주가가 떨어지면 팔지 않고 그대로 방치한다.
❺ 주가가 내림세에서 회복해 조금이라도 이익이 나면 매각한다.

인터넷 등의 정보 통신 관련 주식은 어찌 되었든 상승할 시기였기에 일시적으로 주가가 내려가도 기다리다 보면 대부분 돌아왔습니다. IT 버블의 영향으로 300만 엔의 투자 자금은 인터넷 거래를 시작한 후 반년 후인 2000년 4월에는 무려 배가 늘어난 600만 엔이 되었습니다.

그런데 이때를 정점으로 IT 버블은 붕괴해버리고 말았습니다. 이 당시 가지고 있던 주식은 NTT, KDDI, CSK 등 우량회사의 것이었음에도 주가는 되돌아오지 않고 하락하기만 했습니다.

그리고 산 주식의 대부분이 샀던 값보다 큰 폭으로 떨어져 손실이 생길 가능성이 있어 오를 때까지 가지고 있어야 했기에 버티다 보니, 300만 엔이었던 이익은 제로가 되고, 수중의 돈은 다시 원래의 300만 엔이 되었습니다.

처음에 산 주식이 상승 추세를 타고 이익을 냈을 뿐인데, 그것을 자신의 실력이라고 착각하고 있었던 것입니다. 이는 주식 투자 초보자들이 흔히 하게 되는 착각입니다. 그 때문에 저는 주가가 계속 하락하고 있음에도 팔지 못하고, 계속 가지고 있다가 결과적으로 큰 손해를 보게 되었습니다.

IT 버블의 큰 실패로 저는 '주식 투자를 하기 위해서는 기술이 필요하다'는 것을 절실히 깨닫게 되었습니다. 아무 생각 없이 투자한들, 안정적인 이익을 얻기는 어렵습니다. 기술이나 노하우가 있어야만 지속해서 주식 투자에 성공할 수 있습니다.

그때부터 저는 주가 차트나 매매법 등을 자세히 다룬 책을 읽으며 공부에 매진했습니다. 그리고 주식 투자의 기법이나 전략을 의식하면서 착실히 투자해나갔습니다. 그 결과, 약 1년 후인 2001년 3월에는 과거에 잃었던 300만 엔을 되찾을 수 있었습니다.

주식 실패 경험이 귀중한 이유

주식 투자 기술에 자신을 얻은 저는 회사를 그만두고 본격적으로 전업 투자자가 되기로 했습니다. 회사를 그만두고 주식 투자에 모든 시간을 쏟으면 이익은 더 늘어날 것이라 생각했기 때문입니다. 실제로 전업 투자자가 된 후부터는 순조롭게 자산을 늘려갈 수 있었습니다. 주식 투자를 가르쳐주는 학원에도 다닐 정도로 투자 기술을 기르기 위해 많은 시간을 소비했습니다.

그럼에도 불구하고 또다시 주식에서 큰 실패를 하고 말았습니다. 굉장히 자신 있게 예측하며 투자했는데, 기대와는 반대의 결과가 나와 손실액이 500만 엔에 달했습니다. 도중에 손절을 했으면 좋았을 텐데, 어설픈 자신감으로 손해를 안고 매각할 수는 없었던 것입니다.

그 후, 간신히 손절했지만, 그때의 뼈를 깎아내는 것 같은 고통은 지금도 잊을 수 없습니다. '빨리 결단을 내려 손절을 진행하지 않으면, 손실을 낳는다'는 교훈을 얻을 수 있었습니다.

투자를 다시 해보지만, 또…

그 후, 새로운 마음으로 주식 투자를 재개한 저는 순조롭게 이익을 늘려나갔습니다. 하지만 얼마 지나지 않아 또다시 500만 엔 가까이 손실을 보았습니다. 순조롭게 차곡차곡 이익을 늘려가다가도 한 번의 큰 실패를 하게 되면 그 이익은 다 날아가게 됩니다. 이런 일이 반복되자 굉장히 괴로웠습니다. 말 그대로 밑바닥으로 떨어졌다가 다시 기어 올라가는 듯한 느낌이었습니다.

그럼에도 불구하고 전업 투자자를 그만두지 않았던 것은 주식에서 느꼈던 가능성을 믿고 꿈을 안고 있었기 때문입니다. 그리고 '큰 실패를 하면, 반드시 무언가 하나라도 배울 수 있다'고 생각했습니다.

저는 크게 실패한 모든 투자 내역을 되짚어 나가며 실패 원인을 생각했습니다. 이것은 괴로운 과정이었지만, 계속적으로 실패하는 원인을 파악해서 그것을 극복하지 않으면 또다시 같은 실패를 반복할 것 같았습니다.

그렇게 실패를 되짚어보는 작업을 하다 보니, 주식으로 '실패하는 메커니즘'과 '성공하는 메커니즘'이 확실하게 보이기 시작했습니다. 동시에, 주식 투자자에게 필요한 것은 2가지의 기술이라는 것을 알게 되었습니다.

주식 투자에 필요한 2가지 기술

'주가 동향을 예측하는 기술만 단련하면, 얼마든지 이익을 늘릴 수 있다'고 생각하는 사람은 많을 것입니다. 물론, 예측하는 기술도 중요합니다. 앞에서 말한 것처럼 '어떤 상황에서도 주가의 동향을 예측하는 기술'을 익히고, '예상외의 움직임을 몇 가지 정도 이미지화하는 기술'을 익히는 것이 핵심 포인트입니다.

하지만 주가 움직임을 예측하는 기술만으로는 주식 투자에 실패할 위험이 큽니다. 왜냐하면 심리적인 부분에 실패의 원인이 있기 때문입니다. 저에게 부족했던 부분도 바로 그런 심리적인 기술이었습니다. 그리고 제가 밑바닥에 떨어졌을 때, 주식 투자에 필요하다고 새삼스럽게 깨달은 2가지 기술은 '주가 동향을 예측하는 기술'과 '리스크 관리와 심리 컨트롤 기술'입니다. 그럼 그 2가지를 설명해보겠습니다.

● 주식 동향을 예측하는 기술

이것은 말할 필요도 없이 중요한 기술입니다. 예를 들어, 자동차 운전면허가 없는 사람이 다른 사람을 보고 흉내내면서 운전대를 잡으면 반드시 사고가 날 것입니다. 또, 면허가 있더라도 기술이 미숙한 사람이나 장롱면허인 사람 역시 사고를 일으킬 위험이 클 것입니다. 운전 기술이 부족한 사람은 운전 중에 심리적으로 여유가 없어 상황 판단이 잘되지 않아 위험도가 높기 때문입니다.

주식 투자 역시 마찬가지입니다. 주식 동향을 예측하는 기술이 있으면 마음에 여유가 생겨 상황 판단도 정확하게 할 수 있습니다. 그런데 기술이 미숙하면 주가 동향 예측이 항상 불안할 수밖에 없어 마음에 여유를 가지지 못하고 상황 판단도 둔해집니다. 닛케이지수가 상승 추세일 때는 일시적으로 돈을 벌 수도 있지만, 장기적인 이익을 얻는 것은 기대할 수 없을 것입니다.

주가 동향을 예측하는 기술은 이 책의 기초적인 지식(5가지 키워드)을 이해한 후에, 실제 거래 종목을 예로 든 문제를 풀면서 몸에 익히면 좋을 것입니다. 하지만 몇 번이고 강조하지만, 주가 동향을 예측하는 기술을 아무리 키워도 승률을 100%로 하는 것은 불가능합니다. 그렇다면 주가가 예측대로 움직이지 않을 때는 어떻게 대처해야 할까요? 손실을 최대한 적게 해서 이익을 늘리기 위해서는 이 대처 방법도 굉장히 중요합니다. 바로 리스크 관리와 심리 컨트롤 기술입니다.

● 리스크 관리와 심리 컨트롤 기술

수년 전, '기업 리스크 관리'가 주목을 받았습니다. 하지만 리스크 관리는 기업의 문제만이 아닙니다. 주식 투자자에게도 필요한 부분입니다. 그리고 전업 투자자가 된 저에게 무엇보다 부족했던 것이 바로 이 '리스크 관리'와 '심리 컨트롤' 기술이었습니다.

주식 투자에서 가장 하지 말아야 할 것은 손실이 발생할 가능성이 있는 주식을 오를 때까지 팔지 않고 계속 버티고 있는 것입니다. 이것은 주식 투자에서 가장 위험한 행위입니다. 그런데도 많은 주식 투자 초보자들이 쉽게 행하고, 오랫동안 주식 투자에 발을 담그고 있는 사람도 이런 경우가 있습니다. 주식이 떨어져도 '언젠가는 돌아올 거야'라고 기대하며 계속 기다리다 보면, 어느새 주식의 가격은 샀을 때의 10분의 1이 되고, 이후로도 멈추지 않고 하락하는 것을 보게 될 것입니다.

뒤에서 기술적 분석에 필요한 기초적인 지식(5가지 키워드)이나 주식 차트의 이익을 내는 패턴에 대해서 설명하겠지만, 주가 하락의 신호가 보이면 주식을 바로 매도해서 손실을 최대한 줄이는 것이 중요합니다. 많은 사람들은 '그런 것은 당연히 알고 있어', '나라면 위험한 신호가 보이자마자 바로 손절할 텐데…'라고 생각하고 있을지도 모릅니다. 하지만 실제로 주식 투자를 시작해보면 잘 안 되는 경우가 많습니다.

주식은 생각하는 것과 실제로 하게 되는 것에는 큰 차이가 있습니다. 하기 전에는 '손해날 거 같으면 바로 팔아버려야지'라고 생각하고 있어도, 실제로 손절을 하지 않으면 안 될 상황이 닥치면 실행으로 연결되기가 굉장히 어렵습니다. 그것은 왜냐하면, 심리적인 메커니즘이 많은 영향을 끼치고 있기 때문입니다. 주식의 경우, 오를 확률과 내릴 확률이 반반이라고 가정할 수 있을 것입니다.

여기서 잠시 생각해보십시오. 당신은 주식이 오르면 어떻게 하겠습니까? 조금 오르면 바로 팔아서 적은 이익이라도 올리는 사람, 좀처럼 팔지 않고 이익이 느는 것을 기다리는 사람 등 개인차가 있겠지만, 파는 것에 저항을 느끼는 사람은 많지 않을 것입니다. 저 자신도 조금이라도 오르면 바로 팔아버리는 타입이었고, 아마 대부분이 그럴 것입니다. 아무튼 이익이 나오면 적당한 타이밍에 파는 것이 가능할 것입니다.

그러나 반대로 떨어지면 어떨까요? 실제로 경험해보면 알 수 있지만, 가격이 하락하면 좀처럼 주식을 매도하기가 어렵습니다. 주가를 보는 것조차 괴로워서 손절하려는 생각이 들지 않을 것입니다. 그것을 피하기 위해서도 리스크 관리와 심리 컨트롤 기술을 익히는 것이 굉장히 중요합니다.

주식 투자에 적합한 사람, 부적합한 사람이 있다

당신이 어떤 주식 종목을 샀다고 상상해보세요. 그 주가가 2만 엔이 오르면, 매도해서 2만 엔의 이익을 내는 것은 쉽습니다. 반면, 2만 엔이 내려간다면 어떨까요? 당신은 망설이지 않고 팔 수 있을까요?

많은 사람들이 '여기에서 팔아버리면 2만 엔을 손해 보는데…'라는 생각이 들어 쉽사리 팔 수 없을 것입니다. '기다리면 돌아올 거야'라고 생각하는 사람도 많을 것입니다.

사실 손절에 거부감이 드는 것은 당연합니다. 거기다 손실 금액이 1개월분의 월급 금액과 같다면 더더욱 손절하기 어려울 것입니다. 이런 생각으로 망설이고 있다 보면 가지고 있던 주식은 계속 떨어져 더욱더 곤란한 상황에 빠지게 될 것입니다.

앞에서도 이야기했지만, 주식 투자에 100% 확률이란 없습니다. 제 경험상 대체로 확률이 60~70% 정도였습니다. 그리고 손해 본 30~40%를 이익 본 60~70%로 메워서 계산하면 수중에 남는 이익은 약

30~40%가 됩니다. 이것이 적다고 생각하는 사람도 있을지 모릅니다.

하지만 100전 100승을 노리고 하락 사인에도 손절하지 못하다 보면, 결과적으로는 손실을 더 크게 만들게 됩니다. 확률 70%라도 '이익을 가능한 한 늘리고, 손실을 가능한 한 적게 한다'는 자세를 마음에 새기면 저처럼 안정적으로 주식 투자로 돈을 벌 수 있습니다.

또한, 주식이 하락할 때 그 상황을 받아들이지 못하고 '언젠가는 돌아올 거야'라는 기대에 매달리며 주식을 계속 매수해나가는 사람도 있습니다. 이처럼 손절하지 못하고 떨어질 때마다 사는 것을 '물타기'라고 합니다. 물타기를 계속하다 보면 주식에 대한 집착이 강해져 놓지 못하게 됩니다. 이것은 주식 투자자가 쉽게 빠지게 되는 심리적 폭주입니다.

제가 경험한 두 번의 큰 실패도 이 심리적 폭주가 원인이었습니다. '이익을 최대한 늘리고, 손실을 최대한 적게 하는' 기술을 실천하는 것이 중요합니다. 즉, 손실이 난 주식은 빠르게 매도하고, 이익이 난 주식은 늘릴 수 있을 때까지 계속 가지고 있는 것입니다.

이것이 제가 두 번의 실패를 통해 배운 이론이며, 성공한 많은 투자자들이 실천하고 있는 방법입니다.

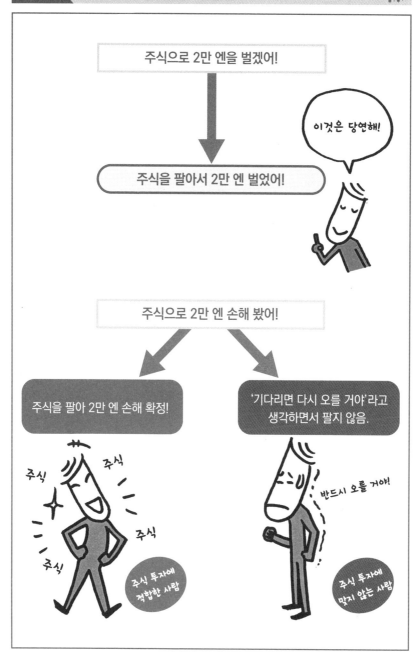

손절선을 정하자

여기에서 한 가지 질문이 있습니다. 주식 투자를 할 때, 당신의 손절 기준 금액은 어느 정도입니까? 2,000엔입니까? 2만 엔입니까? 아니면 10만 엔입니까? 30만 엔입니까? 또는 그 이상입니까? 참고로 저는 20만 엔입니다. 혹시 '손절은 말도 안 된다. 1엔도 손해 보고 싶지 않다'고 생각하고 있지는 않습니까?

저는 매매를 하기에 앞서 '익절선'과 '손절선'을 정해 되도록 지키려고 노력합니다. 그리고 그것을 지킴으로써 투자 금액이 너무 과하게 많아지지 않도록 하고 있습니다. '일봉 차트에서 2개의 이동평균선이 하락 추세가 되면 손절한다' 같은 기준을 정해두는 것이 좋습니다. 또한 손절한 후에 주가가 돌아와도 후회하지 않는 것이 중요합니다.

오히려 두려운 것은 '잘못된 성공 체험'이 몸에 배어버리는 것입니다. '잘못된 성공 체험'이란 무엇일까요? 가령, 당신이 가지고 있는 주식 종목이 하락했다고 합시다. 하지만 당신은 손해를 보는 것이 싫어서 손절을 하지 않고 계속 가지고 있습니다. 그러자 어떤 이유로 그 주식의 주가가 돌아오게 됩니다. 당신은 '역시 예측대로 주가가 돌아왔어. 손절하지 않고 가지고 있길 잘했어'라고 생각할지도 모릅니다.

이런 경험을 하게 되면 다음에 똑같은 상황이 되었을 때, '그때도 주가가 돌아왔으니까 이번에도 회복될 거야'라고 같은 행동을 반복하게 됩니다. 이것이 '잘못된 성공 체험'입니다.

한번 하락한 주가가 하락을 멈추거나 회복하리라는 보장은 어디에도 없습니다. 이전의 경험을 믿고 주식을 계속 가지고 있으면 언젠가는 주가가 10분의 1, 100분의 1이 되어 큰 손해를 볼 위험한 종목과 마주치게 될 것입니다. 이것을 피하기 위해서는 손절선을 미리 정해두고, 그 선까지 주가가 떨어지면 깔끔하게 손절하는 용기를 가지는 것이 중요합니다. 이처럼 기준을 충실하게 지키면 소액 투자자라도 높은 승률로 이익을 얻을 수 있습니다.

여러분도 주식의 움직임을 예측하는 스킬뿐만 아니라, 리스크 관리와 심리 컨트롤 기술을 중시해야 합니다. 또한, 주식을 사기 전에 다음의 3가지 사항을 체크하는 것이 좋습니다.

❶ 투자 금액이 너무 많지 않은가?
❷ 먼저 시나리오를 생각해둔 후에 투자하는 것인가?(충동적으로 사는 것은 절대 안 된다)
❸ 주가가 큰 폭으로 하락했기에 '사야 한다'고 단순하게 생각하고 있지는 않은가?

주식 투자는 직접 해봄으로써 점점 실력이 쌓입니다. 우선은 이 책의 연습 문제로 매매 타이밍을 잡는 요령을 배우고, 동시에 심리 상태를 잘 컨트롤하시기 바랍니다.

왜 데이 트레이드보다 스윙 트레이드인가?

저는 한때 전업 투자자를 그만두고 다시 직장에 다니면서 투자한 적이 있습니다. 왜냐하면 거래 시간에 주가를 보지 않아도 매월 100만 엔 정도의 이익을 안정적으로 내고 있었기 때문입니다.

저는 현재, 며칠에서 몇 주간, 아니 최대 1~2개월이라면 70% 정도의 확률로 주식 시장의 시세를 예측할 수 있습니다. 시세를 100% 맞추는 것이 무리라면, 이 실력의 범위 안에서 주식 매매를 해나가며 이익을 늘리는 것이 중요하다고 판단했습니다.

덧붙여 저는 '스윙 트레이드'라고 하는 수일에서 수 주간의 범위 안에서 거래를 끝내는 투자를 하고 있습니다. 반면 지금은 유행이 지나갔지만, '데이 트레이드'는 하루 안에 주가나 거래량 등의 기술적 지표에 의해 시세차익을 얻는 초단타 매매를 말합니다. 인터넷 거래의 보급으로 옛날에 비해 간단히 주식 매매가 가능해지고, 수수료도 저렴했기 때문에 데이 트레이드를 하는 사람이 한때 상당히 늘기도 했습니다.

저 역시 전업 투자자 시절에는 주로 데이 트레이드를 해왔지만, 데이 트레이드는 주식 매매에서 가장 어려운 투자법이라고 생각합니다. 앞의 주가 차트(16페이지)를 봐주세요.

주식의 추이를 나타내는 그래프에는 양초 모양으로 된 것이 나열되어 있습니다. 이것은 '봉(캔들)'이라고 불리며, 하루의 시가, 종가, 고가, 저가를 시각화한 것입니다. 봉은 긴 것이나 짧은 것, 빨간 것이나 파란 것, 또는 십자선으로만 된 것 등, 여러 가지 모양이 있어 꽤 복잡합니다.

스윙 트레이드에서는 주로 이 일봉 차트를 사용합니다. 반면, 투자자는 하루의 주가 움직임을 더 자세히 살펴볼 필요가 있기에 분봉 차트를 이용합니다. 예를 들어, 3분봉 차트라면 봉은 3분 단위로 움직임을 표시하게 됩니다.

이것만으로도 상당히 복잡한데, 봐도 모르는 것이 많습니다. 더욱이 전장(오전 9시~11시까지의 거래)에 오른 주가가 후장(오후 12시 30분~3시까지의 거래)에서 내려가거나, 또는 그 반대가 되거나, 전장에서도 후장에서도 오르거나, 내리거나 하는 등 꽤 여러 가지 양상을 보입니다.

이처럼 하루의 동향을 예측해서 매매 타이밍을 포착해서 이익을 내는 것은 굉장히 힘듭니다. 또, 데이 트레이드를 하기 위해서는 직장인이라면 회사를 그만두고 그것에만 몰두하지 않으면 안 됩니다. 안정적인 수입을 끊고 투자에 몰두한다는 것은 정신적으로 압박이 상당할 것입니다. 데이 트레이드를 하면서 번 것만으로 생활하고 있는 사람도 있지만, 주식 초보가 갑자기 데이 트레이드에 도전하는 것은 너무 무모합니다.

그것보다는 스윙 트레이드, 길어도 1~2개월 정도의 기간으로 주식 동향을 예측해 상승할 것 같은 것을 미리 매수하는 것이 이익을 얻기 쉽다고 생각합니다. 기초적인 지식(5가지 키워드)을 제대로 마스터해서 투자에 활용할 수 있으면 스윙 트레이드로 주가를 예측하는 것이 가능합니다. 우선은 스윙 트레이드로 힘을 길러 안정적으로 수익을 올릴 수 있게 된 후에 데이 트레이드에 도전해도 늦지 않습니다.

수개월에서 무기한으로 투자하는 '장기 투자'는 기술적 분석보다 기본적 분석(펀더멘탈 분석)에 의한 투자가 중심이 됩니다. 즉, 장기적인 성장이 기대되는 기업의 주식을 사는 것은 주식 투자의 근원적인 방법이라고 할 수 있습니다.

하지만, 일반적인 투자자들이 장기 투자로 이익을 얻는 것은 쉽지 않습니다. 또한, 스윙 트레이드를 목적으로 산 주식이 내려가면 장기 투자를 변명으로 손절하지 않고 손해가 커짐에도 계속 가지고 있는 사람도 많습니다.

스윙 트레이드와 장기 투자 사이에는 수개월 정도의 기간을 두고 하는 중기 투자가 있습니다. 저는 '스윙 트레이드를 하려고 진행했던 거래가 주가의 동향을 좇으며 이익을 늘리고 있다 보니 한 달이 지나자 상당한 이익을 얻게 되었다'고 하는 중기 투자가 좋다고 생각합니다. 다시 말해, 스윙 트레이드의 전개 방법이 중기 투자가 된다는 것으로, 그중에서 마음에 든 주식 종목이 있다면 장기 보유하는 것이 이상적입니다.

	시간	명칭	기법
기간이 짧다	1일	데이 트레이드	분 단위로 변하는 주가 차트를 분석해서 매매하는 기법이다. 주식 전문가에게 적당하다. 주식 초보자가 도전하면 이익은 적고 손실은 크게 나기 쉽다.
	수일	스윙 트레이드	일봉 차트를 중심으로 주가 차트를 읽고 주식 동향을 예측하는 기법이다. 주식 초보, 중급자에게 적당하고 안정적으로 이익을 얻을 수 있다.
	수개월	중기 투자	스윙 트레이더를 응용한 방법이다. 주가가 상승하고 있을 때, 바로 매도하지 않고 최대한 버틴 후에 이익을 크게 만드는 기법이다.
기간이 길다	무기한	장기 투자	기본적 분석을 중심으로 한 기법이다. 다만, 10~20년 후의 주가를 예측하는 것은 굉장히 어렵다.

주식 시장에 자신을 맞춘다

어떤 기초 지식을 중시해서 예측한다 해도 주식 시장은 자신이 생각한 대로만 움직이지는 않습니다. 조금만 방심해도 금세 그 추세를 바꿔버립니다. '어제까지는 이런 추세가 아니었는데, 왜 갑자기 이런 추세가 되어버렸지?'라고 생각하게 되는 일이 빈번히 발생합니다.

주식 시장은 '변덕스러운 사람'과 같습니다. 하지만 주식 투자자가 '왜 그렇게 제멋대로야!' 하고 화를 낸다면 이익을 얻을 수 없습니다. 투자자로서 가장 중요한 것은 '제멋대로인 주식 시장에 자신을 철저하게 맞춰나가는 것'입니다.

손절해야 할 때는 손절하고, 전략을 변경할 필요가 있다면 신속하게 기분을 전환하는 것이 성공으로 가는 포인트입니다. 이런 유연한 발상이 가능한 사람일수록 이익을 올릴 수 있고, 융통성 없고 자기 주장이 강한 사람은 실패할 가능성이 큽니다.

자신은 유연하게 대응하고 있다고 생각해도 모르는 사이에 패턴에 갇히게 되는 경우도 있습니다. 예를 들어, 매매를 시작한 시기도 그 사람의 투자 행동에 영향을 줍니다. 제가 데이 트레이더로 활동을 시작했던 것은 1999년 말 무렵이었습니다. 이후 얼마 지나지 않아 하락 장세가 시작되었습니다.

차트 분석을 해도 하락세 종목뿐이어서 처음 몸에 익힌 기법은 급락한 주식의 반등(하락에서 상승으로 전환하는 것)이나 공매도(주가 하락에서 생기는 차익금을 노리고 실물 없이 주식을 파는 행위)를 노린 것이 대부분이었습니다. 반면 2005년 후반, 주가가 상승세이던 때에 주식 투자를 시작한 사람은 상승세 속에 주가가 일시적으로 하락하면 매수하는 기법을 주로 하는 경우도 있었습니다.

하지만 하나의 방법만을 고수하는 것은 실패의 원인이 됩니다. 자신의 투자 행동을 냉정하게 살펴보고, 주식 시장에 맞춰서 유연하게 투자 패턴을 수정해나가는 것이 중요합니다. 시장에는 '상승세', '하락세', '보합세'의 국면이 있습니다. 시장의 변화를 민감하게 감지해서 각각의 국면에 맞는 전략을 세워 항상 자신을 주식 시장에 맞추는 것을 염두에 두어야 합니다.

종목 연구로 리스크를 피한다

시장 전체의 흐름을 알아채거나 리스크를 피하기 위해서 중요한 것은 성실하게 종목 연구를 하는 것입니다. 머리로는 알고 있어도 자신이 조금이라도 운 좋게 수익을 내면 종목 연구를 소홀히 하게 되는 경우가 있습니다. 그리고 조금이라도 생각한 대로 되지 않으면 흥분해서 주식을 대량 매수하거나, 하락하고 있는 주식을 계속 가지고 있어 손실이 커지기도 합니다.

이런 경우에는 종목 연구를 게을리하고 있었기 때문에 이미 매력이 없어진 종목에 매달리게 되는 때가 많습니다. 하지만 종목 연구를 하면 매력적인 새로운 종목을 개척할 수 있고, 자신이 가지고 있는 종목의 상황, 시장 전체의 장세도 이해할 수 있어서 리스크를 피하는 것이 가능합니다.

예를 들어, 저의 경우는

❶ 전체 종목을 체크하는 것은 한 달에 한 번 이상

❷ 주가 랭킹 정보나 과거 거래 종목 체크는 일주일에 한 번 이상

❸ 실제로 거래하고 있는 주식 종목을 체크하는 것은 하루에 한 번을 기준으로 하고 있습니다.

특히, '거래 대상으로 할지 생각하고 있는 종목'이나 '이미 보유하고 있는 종목'은 인터넷에서 바로 체크할 수 있도록 등록해두는 등 될 수 있는 대로 2~3일에 한 번은 주가 차트로 주식을 체크하는 것을 권합니다.

닛케이지수 차트도 이용하자

어떤 종목의 차트를 봐도 주가의 움직임을 예상할 수 없는 경우도 있습니다. 뒤에서 설명하겠지만, 차트의 패턴에 'N자형'과 'M자형'이라는 것이 있습니다. 각각 알파벳의 N, M과 닮은 형태이기에 이렇게 이름이

붙었습니다.

그런데 주가의 동향은 N자형과 M자형이 반대가 됩니다. N자형이 되면 주가는 상승하고, M자형이 되면 하락합니다. 이처럼 개별 종목으로는 N자를 형성해서 그대로 확장될 것인지, M자를 만들다가 끝날 것인지 예측되지 않는 경우가 종종 있습니다.

그때 도움이 되는 것이 닛케이지수 차트입니다. 닛케이지수는 일본 경제신문사가 도쿄증권거래소 1부 시장에 상장된 주식 가운데, 225종목의 시장 가격을 평균해서 산출하는 일본 증권 시장의 대표적인 주가지수입니다. 즉, 주식 시장 전체의 동향을 보여주기에 참고하면 주식 시장의 큰 흐름을 파악할 수 있습니다.

실제로 개별 종목은 대략 전체 지수와 같은 움직임을 보이는 경우가 많습니다. 다시 말해, 전체 지수가 오르고 있는 주식 시장이라면 개별 종목도 상승하고, 전체 지수가 하락하면 전체 종목도 하락하는 경우가 많습니다. 개별 종목이 닛케이지수를 따라서 같은 움직임을 보이는 경우와 개별 종목이 닛케이지수에 앞서 움직여 닛케이지수가 뒤따라가는 형태로 움직이는 경우가 있는데, 어찌 되었든 비슷한 움직임이 됩니다.

단, 모든 종목이 닛케이지수와 연동되는 것은 아닙니다. 닛케이지수가 상승해도 하락하는 종목이나 닛케이지수가 하락하고 있음에도 불구하고 상승하는 종목도 있습니다.

자세한 것은 뒤의 연습 문제를 통해서 설명하겠습니다.

숲을 본 뒤 나무를 보자

'나무를 보고 숲을 보지 못한다(작은 것을 신경 쓰느라 전체를 내다보지 못하는 것)'라는 속담이 있습니다. 개별 종목을 보고 전체 지수를 무시하는 것은 바로 이 속담과 같은 경우입니다. 하지만 '숲을 보고 나서 나무를 본다'면, 즉 전체의 흐름을 파악하고 난 후, 개별 종목을 봄으로써 예측의 정확함을 높일 수 있습니다.

전체 지수로써 이용해야 할 지표는 닛케이지수뿐만이 아닙니다. 자스닥(JASDAQ), 도쿄증권 마더스, 다이쇼 헤라클레스라는 신흥 주식 세 개 시장의 움직임도 중요한 지표라고 할 수 있습니다.

예를 들어, 2006년의 신흥 주식 시장은 하락 장세였습니다. 그런데 숲을 보지 못하고 나무만을 보며 '가격이 내리고 있으니까 구입할 기회'라고만 생각해 신흥 주식에 자금을 쓰면 호되게 당하게 됩니다.

전체 지수가 계속 내려가고 있다는 것을 확인했더라면 하나의 종목이 싸다고 해서 사지는 않을 것입니다. 주식의 기본적인 지식이나 차트 패턴을 이해하면 하락하고 있는 주식이라도 상승 사인이 보이는 것을 제대로 선택할 수 있습니다. 그러기 위해서는 주식 시장의 전체적인 모습을 파악하는 것이 중요합니다.

신흥 주식 시장의 동향을 파악해두면 좋은 점이 또 하나 있습니다. 시기에 따라서는 닛케이지수가 떨어지고 있음에도 신흥 주식 시장의 지수가 오르는 경우가 있습니다. '도쿄증권거래소 1부의 상황이 별로 좋지 않으니까 신흥 주식을 사자'라는 투자자가 늘어 신흥 주식 시장으로 자금이 흐르기 때문입니다.

이런 동향을 파악하기 위해서는 신흥 주식 시장의 지수도 파악해둘 필요가 있습니다. 이것도 '주식 시장에 자신을 맞추는' 것입니다. '나는 신흥 주식에 그다지 흥미가 없어'라거나 '자신이 없어'라는 이유만으로 신흥 주식 시장을 무시해버리면 기회를 놓치게 됩니다.

이와 마찬가지로 좋고 싫고를 떠나서 반드시 살펴봐야 하는 것이 미국 주식 시장의 지수입니다. 특히, NY다우존스산업평균지수(뉴욕증권거래소에 상장되고 있는 공업 주 30종목의 평균주가)나 나스닥지수는 반드시 체크해야 합니다.

주식 시장이 미국 경제에 큰 영향을 끼치고 있는 것은 틀림없는 사실입니다. 그러므로 주식 투자로 이익을 내려고 한다면, '일본이나 미국의 주식 시장은 나랑 상관없다'고 생각하지 말고 주식 시장에 자신을 맞출 수 있도록 해야 합니다.

실제로 2007년은 미국의 서브프라임론(미국의 금융기관이 신용도가 낮은 사람을 대상으로 빌려주는 주택론)의 회수 불능으로 NY다우존스산업평균지수가 하락해 그 영향으로 닛케이지수도 하락해버렸습니다.

이 책에서는 개별 종목의 연습 문제에 들어가기 전에, 닛케이지수 차트를 읽는 법도 연습 문제로 실었습니다. 이것들을 마스터하고 난 뒤 신흥 주식 시장이나 미국 전체 지수도 보면 좋겠습니다.

주식 투자에 성공하기 위한 흐름

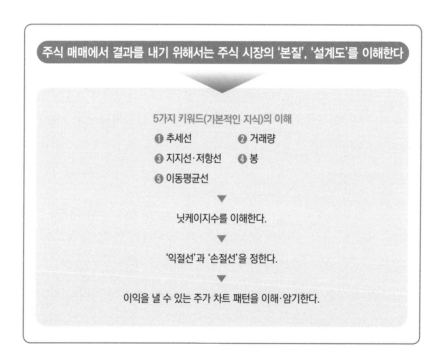

주식 매매에서 결과를 내기 위해서는 주식 시장의 '본질', '설계도'를 이해한다

5가지 키워드(기본적인 지식)의 이해
❶ 추세선　　❷ 거래량
❸ 지지선·저항선　　❹ 봉
❺ 이동평균선

닛케이지수를 이해한다.

'익절선'과 '손절선'을 정한다.

이익을 낼 수 있는 주가 차트 패턴을 이해·암기한다.

앞의 그림은 주식 투자에 성공하기 위한 흐름입니다. 이 중 어느 하나라도 빠지게 된다면 성공할 수 없습니다. 마치 비행기 부품과도 같아 하나라도 빠진다면 대참사로 이어질지 모릅니다.

'100전 100승은 있을 수 없다.'
'하나의 방법에 집착하면 실패의 원인이 된다.'
'신흥 주식 시장이나 미국 전체 지수도 체크하자.'
에 대해서는 이미 앞에서 설명했습니다.

이 책의 메인 테마는 '기본을 중시해야 한다'는 것입니다. Part 02에서는 '5가지 키워드'나 주식 차트 패턴의 이해에 대해 많은 연습 문제를 풀면서 익힐 수 있도록 했는데, Part 02 앞부분의 문제를 보고 '이런 간단한 문제로 실력을 키울 수 있어?'라고 생각할지도 모릅니다. 하지만 페이지가 넘어갈수록 점점 어려워집니다.

또한, 개별 종목에 관한 연습 문제는 제가 실제로 매매한 종목 차트를 사용했습니다. 제가 과거에 실패한 예시도 기술하고 있으므로 부디 참고해서 저와 같은 전철을 밟지 않길 바랍니다.

5가지
키워드를
익히자

주가 차트를 다룬 책 중에는 '그랜빌의 법칙(Theory of Granville)',
'오실레이터(Oscillator)', '스토캐스틱(Stochastic)' 등 어려운
주식 용어가 나열되어 있는 것도 꽤 됩니다.
하지만 이 책에서는 5가지 키워드를 확실하게 익히도록 하겠
습니다.

주가 차트에 필요한 5가지 키워드

키워드 1 '추세선'으로 주가 동향을 알 수 있다

주가가 일정 방향으로 움직이는 것을 '추세'라고 합니다. 주가가 오를 때는 상승 추세, 주가가 내릴 때는 하락 추세라고 하는데, 이런 추세를 선으로 나타낸 것이 추세선입니다. 바로 이 추세선으로 주가의 동향을 살펴보는 것이 가능합니다.

추세선은 기본적으로 고가와 고가, 저가와 저가를 연결해서 2개의 선을 긋습니다. 선을 그을 때는 봉의 위아래 꼬리는 무시해도 괜찮습니다. 고가든, 저가든 각각 두 점이 정해지면 선을 그을 수 있기 때문에 우선 선을 그려보기 바랍니다. 다소 빗나가더라도 신경 쓰지 않아도 됩니다. 정확히 선을 긋는 것보다 추세선으로 주가의 동향을 아는 것이 중요합니다.

상승 추세

낮은 가격에 매수해서 높은 가격에 매도하면 돼!

하락 추세

잠시 상황을 지켜보는 것이 좋겠어.

보합세

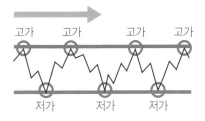

낮은 가격에 매수해서 높은 가격에 매도하기 위해서는 노력이 필요해.

하락 추세일 때, 매수 타이밍은?

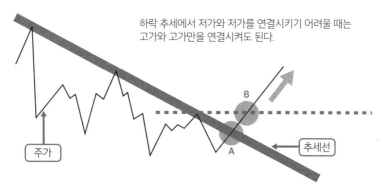

하락 추세에서 저가와 저가를 연결시키기 어려울 때는
고가와 고가만을 연결시켜도 된다.

A지점에서 추세선을 돌파하고 또 B지점에서 전 고가를
돌파하면 상승 추세로 전환될 가능성이 높다. 거래량 증
가를 수반하면 더욱 좋다.

상승 추세일 때, 매도 타이밍은?

상승 추세일 때 고가와 고가를 연결시키기 어려울 때는
저가와 저가만을 연결시킨다.

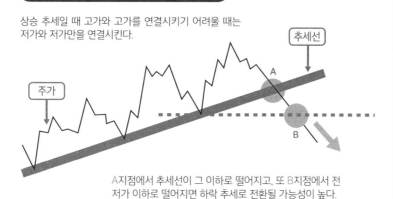

A지점에서 추세선이 그 이하로 떨어지고, 또 B지점에서 전
저가 이하로 떨어지면 하락 추세로 전환될 가능성이 높다.

주가가 오르내리면서도 상승하는 추세라면, '상승 추세'이고, 고가나 저가의 수준이 올라가는 것이 특징입니다. 추세선에서 주가가 상승하고 있을 때는 당분간 이 추세가 지속된다고 판단할 수 있습니다.

반면, 주가가 하락하고 있는 추세라면 '하락 추세'이고, 고가나 저가의 수준이 내려가는 것이 특징입니다. 이 추세선을 따라서 주가가 하락하고 있을 때도 당분간 이 추세가 지속된다고 예측할 수 있습니다.

그런데 추세선에는 주가의 움직임을 전환시키는 기능이 있습니다. 예를 들면 하락 추세일 때, 주가가 추세선을 돌파하면(자료 6 위의 A), 주가가 상승하는 포인트가 되기 쉽습니다. 다시 말해 매수 타이밍이 됩니다. 거기다 전 고가를 돌파하면(자료 6 위의 B), 상승 추세에 들어가기 쉽습니다.

주가가 상승 추세가 될 때, 추세선에서 반전시키지 않고 이것보다 떨어지면(자료 6 아래의 A), 하락 추세가 된 것이 아닐까 예측할 수 있습니다. 더욱이 전 저가보다 떨어지면(자료 6 아래의 B) 하락 추세가 되기 쉽습니다.

일단, 하락 추세가 되면 주가가 상승해도 추세선에서 되돌리려는 경향이 있습니다. 그 때문에 주가가 추세선 이하로 떨어졌을 때가 매도 타이밍이 됩니다.

주가의 움직임에 따라서는 추세선을 잘 그릴 수 없는 경우도 있습니다. 이런 경우에는 상승 추세라면 저가를 잇는 선, 하락 추세라면 고가를 잇는 선을 긋습니다. 그리고 또 하나는 그 선을 평행하게(상승 추세라면 고가의 방향으로, 하락 추세라면 저가를 지나가도록) 그어봅니다. 그렇게 해도 잘 그릴 수 없다면 선 하나로도 괜찮습니다.

반대로, 여러 개의 선을 그릴 경우도 있습니다. 그때는 선이 아니라 '층'으로 파악하고 동향을 파악할 수 있도록 해야 합니다.

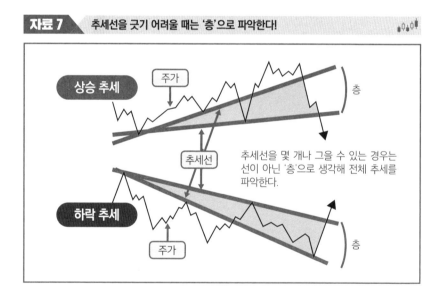

자료 7   추세선을 긋기 어려울 때는 '층'으로 파악한다!

추세선을 몇 개나 그을 수 있는 경우는 선이 아닌 '층'으로 생각해 전체 추세를 파악한다.

키워드 2   '거래량'으로 매수 타이밍을 잰다

거래량이란 증권거래소에서 매매가 성립한 주식 수를 말합니다. '매

매가 성립한다'는 것은 주식의 '매도'와 '매수'의 희망 가격이 일치했을 때입니다. 거래량은 차트 아래의 막대 그래프로 나타냅니다.

어떤 종목에 많은 사람들이 주목해서 매매가 늘면 거래량은 증가하고, 반대의 경우에는 거래량이 감소합니다. 즉,

▶ 거래량이 증가한다 = 인기가 생기고 있다
▶ 거래량이 감소한다 = 인기가 없어진다

라는 것을 나타내고 있는 것입니다.

주가를 움직이는 요인에는 여러 가지가 있지만, 주식 투자자들의 매매가 그 원동력이라는 것은 틀림없습니다. 그러므로 거래량이라는 것은 주식 시장의 에너지와 같다고 할 수 있습니다. 거래량이 증가하면 '상승 에너지가 생겼다'고 판단할 수 있고, 줄어들면 '잠깐 멈춰 있는 상태'라는 것을 알 수 있습니다.

특히 주목해야 할 것은 거래량이 급증했을 때입니다. 주가가 하락해서 저가권에 있을 때는 거래량이 급증해서, 주가가 상승하기 시작하면 '자금이 흘러 상승 추세가 시작된 것을 아닐까?'라고 생각할 수 있습니다. '슬슬 이 주식을 사자'라는 사람이 나왔기 때문에 주가에 상승 에너지가 생겨 바닥권(주가가 내려갈 만큼 내려가 가장 낮을 때)이 되었을 가능성이 있기 때문입니다.

반대로 주가가 상승해서 고가권에 있을 때 거래량이 급증하면 경계

거래량이 2만 주인 경우

A씨
2만 주 팔기

증권회사

증권거래소

증권회사

증권회사

매매가 제대로
잘 성립했을
때만 거래량이
되는구나!

B씨
1만 주 매수

C씨
1만 주 매수

해야 합니다. 그 주식에 대한 인기가 과열되어 천정권(이 이상 상승하지 않는 주가 수준)이 되었다는 사인이 되는 경우가 많기 때문입니다.

따라서 거래량이 급증해서 하락하기 시작하면 '자금이 이탈하기 시작해서 하락 추세가 시작된 것은 아닐까?'라고 생각할 수 있습니다.

거래량을 볼 때는

▶ 저가권에서 거래량이 급증한다 = 매수 사인
▶ 고가권에서 거래량이 급증한다 = 매도 사인 또는 경계 사인

이라고 외워주십시오.

뒤의 연습 문제에 거래량을 테마로 한 것도 있으므로 그것을 보면 알 수 있겠지만, 거래량은 보기에는 굉장히 단순한데도 불구하고 주가의 움직임을 예측하는 데 중요한 포인트가 됩니다. 이것이 '거래량은 주가에 선행한다'고 일컬어지는 까닭입니다.

거래량이 급증할 때 주식을 사면 단기간에 큰 상승을 기대할 수 있지만, 주가가 이미 정점에 가까워져 있는 경우에는 높은 시세권에 사게 될 위험도 있습니다. 물론, 거래량만으로 주가 동향을 100% 읽는 것은 불가능합니다. 하지만 거래량을 주의 깊게 살펴봄으로써 투자 승률을 높여나가는 것은 충분히 가능합니다.

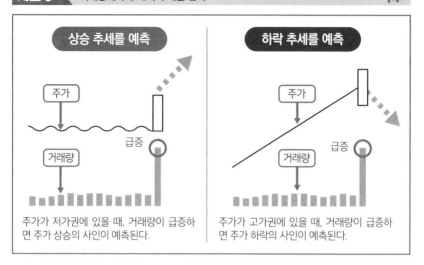

자료 9 거래량에서 주가의 추세를 안다

상승 추세를 예측

주가

거래량

급증

주가가 저가권에 있을 때, 거래량이 급증하면 주가 상승의 사인이 예측된다.

하락 추세를 예측

주가

거래량

급증

주가가 고가권에 있을 때, 거래량이 급증하면 주가 하락의 사인이 예측된다.

키워드 3 '지지선 · 저항선'에서 주가 상승을 예측한다

지지선 · 저항선은 추세선과 마찬가지로 자신이 차트에 가로로 긋는 선입니다. 지지선은 주가가 과거에 몇 번인가 그곳을 기점으로 상승으로 바뀐 지점을 연결한 선(자료 10의 A)입니다. 그리고 이후로도 그 지점까지 하락하면 또다시 상승으로 바뀌는 것은 아닐까 생각하게 됩니다.

예를 들어 주가가 일정 기간 어떤 수준에서 보합세(가격의 급등락이 작은 것을 의미)를 보이다가 상승으로 바뀐 경우, 그 가격대에서 살까, 말까 망설이다가 결국 사지 못하고 놓쳐버린 사람은 주가가 다시 지지선 수준까지 하락했을 때, 사겠다는 심리가 됩니다.

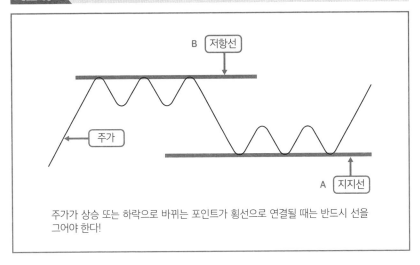

주가가 상승 또는 하락으로 바뀌는 포인트가 횡선으로 연결될 때는 반드시 선을 그어야 한다!

그리고 실제로 그 지점까지 주가가 떨어지면 매수 주문이 늘기 때문에 주가의 하락이 일단 멈추는 경우가 많습니다. 그래서 주가가 유지되기 때문에 지지선이라고 불리는 것입니다.

저항선은 주가가 과거에 그 위치에서 몇 번이나 하락으로 바뀐 지점을 연결한 선(자료 10의 B)을 가리킵니다. 이후 주가가 상승해도 거기에서 반락하는 것은 아닐까 생각할 수 있는 지점입니다.

주가의 움직임이 일정 기간 보합세를 보이다가 하락으로 바뀐 경우, 저항선보다 위의 주가로 산 사람은 손실을 볼 가능성이 생기게 됩니다. 하지만 많은 사람들이 '손해 보기 싫다'는 심리에서 이 단계에서 손절하지 못합니다. '주가가 회복해서 적어도 손익 제로라도 되었을 때 팔고 싶다'고 생각합니다. 이런 심리 상태의 사람이 많기 때문에 주가가 상승해서 원래의 수준까지 돌아오면 '매도'의 압력이 강해집니다. 그렇게 주가가 다시 반락합니다. 곧 주가가 그 선보다 위로 가지 않기에 그 수준이 저항선이 됩니다. 이처럼 주가에는 상장의 움직임을 완전히 뒤집어버리는 지점이 있습니다.

그리고 거래량 급증을 수반해서 매겨진 고가나 저가의 수준도 투자자가 주목하고 있는 포인트입니다. 과거의 고가까지 주가가 상승하면 매도 주문이 늘어나고, 과거의 저가까지 주가가 하락하면 매수 주문이 늘어나는 경향이 있기 때문입니다. 그 때문에 과거의 고가·저가·보합세의 수준에 지지선·저항선을 긋는 것은 주가 예측에 대단히 유효합니다.

추세선은 경사지게 그렸지만, 지지선·저항선은 가로로 선을 긋습니다. 투자자 중에는 경사지게 선을 긋는 것은 알고 있어도 가로 선을 긋는 것은 모르는 사람도 많습니다. 선을 가로로 긋는 지지선과 저항선은 잘 알아두는 것이 좋습니다.

또한, 지지선과 저항선은 그 지점에서 몇 번이고 주가를 완전히 뒤집어버리거나 그때 거래량이 증가한 것일수록 유효하게 작용하고 있는 선이 됩니다. 따라서 잘 작용하고 있는 지지선까지 주가가 하락했을 때는 강력한 매수 신호가, 반대로 주가가 상승해 지지선까지 달한 경우에는 강력한 매도 신호가 나온다고 생각할 수 있습니다.

여기에서 또 한 가지 기억해야 할 것은, 지지선과 저항선은 역할이

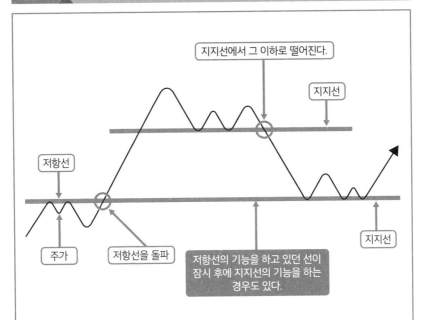

주가가 저항선을 돌파하고 나서 그 후 하락해도 그 저항선이 이번에는 지지선의 기능을 하게 되며, 그 지점에서 주가가 반전하는 경우가 있다.

고정되어 있지 않다는 것입니다. 즉, 지지선과 저항선이 되거나, 또는 저항선이 지지선으로 바뀌는 경우가 있습니다.

상승 추세에 있을 때는 과거 전 고점 수준이 주가 상승을 누르기 때문에 저항선이 됩니다. 하지만 주가가 저항선을 돌파한 후에 하락했을 때는 조금 전의 저항선에서 하락이 일단 멈추게 되는 경우가 많기 때문에 역할이 지지선이 되는 것입니다. 즉, 보는 방법에 따라서 같은 선이 지지선이 되거나 저항선이 되는 것입니다.

지지선과 저항선이 교체되는 타이밍은 주가가 상승해서 저항선을 돌파했을 때, 또는 하락해서 지지선에서 그 이하로 떨어졌을 때입니다. 주가가 저항선을 돌파하면 그 후 하락해도 과거의 저항선에서 상승으로 바뀌는 경향이 있습니다. 이것은 저항선이 지지선으로 교체되었기 때문입니다. 또, 주가가 하락해서 지지선을 밑돌면 다음에 상승해도 좀처럼 과거의 지지선을 넘지 못합니다. 이것은 지지선이 저항선으로 바뀌었기 때문입니다.

선의 역할이 바뀌는 것을 이해하고 있지 않으면 주가의 동향을 착각할 수도 있습니다. 주가가 지지선과 저항선을 뚫은 경우에는 그 이후의 동향에 주의가 필요합니다. 지지선과 저항선은 추세선과 마찬가지로 주가가 반전하는 포인트가 되기 쉽기 때문에 반드시 긋는 습관을 길러야 합니다.

지지선과 저항선은 장기간에 걸쳐 작용하는 경우가 많습니다.

'왜 이 수준에서 주가가 되돌아오는 것일까?'

'왜 주가가 떨어지지 않는 것일까?'

이러한 의문을 가졌을 때, 시간을 거슬러 올라가 차트를 보면 과거에 그은 지지선과 저항선이 아직까지도 작용하고 있다는 것을 알 수 있습니다. 뒤의 연습 문제에서도 다루고 있으니 문제를 풀면서 몸으로 익혀 주세요. 매도 포인트·매수 포인트를 확인한 후에도 지지선·저항선은 중요합니다. 승률을 높이기 위해 반드시 판단 기준으로 삼아야 합니다.

키워드 4 '봉(캔들)'으로 추세의 전환을 포착하자

'봉(캔들)'이란, 하루의 시세 변동을 보여주는 것으로 주가 차트의 가장 기본적인 요소입니다. 봉(캔들)은 사각형 모양의 몸통 부분과 선 부분(꼬리)으로 구성되어 있습니다. 몸통 부분의 위와 아래는 그날의 시가와 종가를 나타냅니다. 시가는 거래 시간 내의 최초의 거래에서 성립된 주가를 가리킵니다. 종가는 거래 시간 내의 마지막으로 성립된 주가를 말합니다.

몸통 위에 붙은 꼬리는 '윗꼬리'라고 부르며 거래 시간에 주가의 가장 높은 시세를 나타냅니다. 아래에 있는 꼬리는 '아랫꼬리'라고 부르며 거래 시간에 주가의 가장 싼 시세를 나타냅니다. 몸통 부분이 빨간 것은 양봉, 파란 것은 음봉이라고 부릅니다.

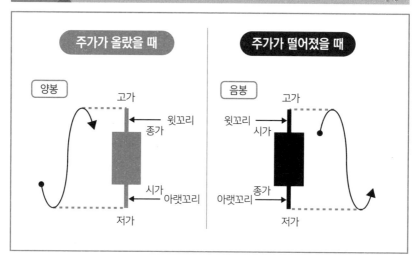

양봉은 몸통 부분의 아랫변이 시가, 윗변이 종가입니다. 즉, 시가에서부터 종가에 걸쳐 주식이 상승한 것을 나타냅니다. 음봉은 몸통 부분의 윗변이 시가, 아랫변이 종가로 시가에서부터 종가에 걸쳐서 주가가 하락하는 것을 나타냅니다.

봉(캔들)은 주가의 동향에 의해서 여러 가지 변동이 생깁니다.
대표적으로는 아래와 같습니다.

❶ 십자형 - 시가와 종가가 같기 때문에 몸통 부분이 단일선으로 되어 있다.

❷ 아랫꼬리가 없는 양봉 - 시가가 가장 싼 시세임을 나타내고 있다.

❸ 꼬리가 없는 양봉 - 주가가 계속 상승하고 있는 것을 나타내고 있다.

❹ 잠자리형 - 거래가 개시될 때는 하락했지만, 종가로 돌아가 끝났기 때문에 윗꼬리와 몸통이 없이 T자형이 되었다.

다음으로 주가의 동향을 예측할 수 있는 봉의 형태를 설명하겠습니다.

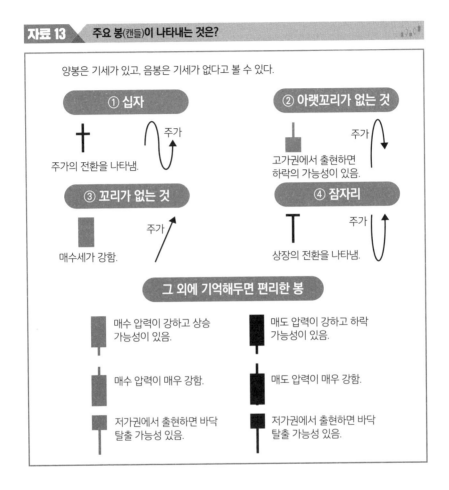

자료 13 주요 봉(캔들)이 나타내는 것은?

양봉은 기세가 있고, 음봉은 기세가 없다고 볼 수 있다.

① 십자

주가의 전환을 나타냄.

주가

② 아랫꼬리가 없는 것

고가권에서 출현하면
하락의 가능성이 있음.

주가

③ 꼬리가 없는 것

매수세가 강함.

주가

④ 잠자리

상장의 전환을 나타냄.

주가

그 외에 기억해두면 편리한 봉

매수 압력이 강하고 상승
가능성이 있음.

매수 압력이 매우 강함.

저가권에서 출현하면 바닥
탈출 가능성 있음.

매도 압력이 강하고 하락
가능성이 있음.

매도 압력이 매우 강함.

저가권에서 출현하면 바닥
탈출 가능성 있음.

○ 장대양봉

몸통 부분의 길이로 주가의 강약을 예측할 수 있습니다. 장대양봉은
긴 양봉을 말하며, 매수 주문이 끊이지 않고 들어와 강한 상승 에너지
가 발휘되고 있는 모습을 나타냅니다. 저가권이나 보합세 뒤에 장대양
봉이 나오면 상승 추세에 들어갔을 가능성이 강하다고 판단할 수 있습

니다(자료 14, 왼쪽 그림 A). 하지만 상승이 계속된 후에 장대양봉이 나왔을 때는 주가가 과열되었을 가능성이 높아 하락의 위험성이 있습니다(자료 14, 오른쪽 그림 C).

● 상승 지속 갭

갭은 봉이 연속해서 나열되지 않고 봉과 봉 사이가 비어 있는 것으로, 급등락 시 발생하게 됩니다. 상승 지속 갭은 강한 상승 에너지 현상입니다. 저가권이나 보합세 후의 상승 지속 갭은 상승 추세가 지속된다고 볼 수 있습니다(자료 14, 왼쪽 그림 B).

그러나 주가 상승이 계속된 후의 상승 지속 갭은 주가가 가열해 있을 가능성이 높기 때문에 하락 추세로 전환하는 경우도 있으니 이에 대응해야 합니다(자료 14, 오른쪽 그림 D).

자료 14 봉(캔들)으로 추세 전환을 알 수 있다 1

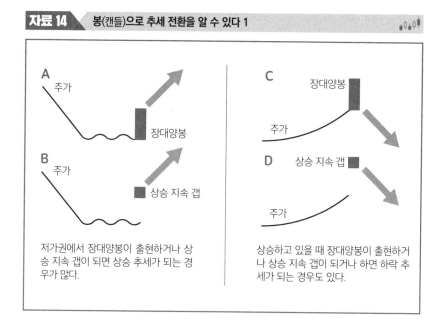

A 주가 / 장대양봉
B 주가 / 상승 지속 갭
저가권에서 장대양봉이 출현하거나 상승 지속 갭이 되면 상승 추세가 되는 경우가 많다.

C 장대양봉 / 주가
D 상승 지속 갭 / 주가
상승하고 있을 때 장대양봉이 출현하거나 상승 지속 갭이 되거나 하면 하락 추세가 되는 경우도 있다.

● 장대음봉

긴 음봉을 장대음봉이라고 부릅니다. 강한 하락 에너지가 발휘되고 있음을 나타냅니다. 고가권이나 보합세 후에 장대음봉이 나온 경우는 하락으로 전환되는 신호가 됩니다(자료 15, 왼쪽 그림 E).

반대로 하락이 계속된 후에 장대음봉이 나오면 하락의 움직임이 최후까지 도달해서 그 후 상승 추세가 된다고 생각할 수 있습니다(자료 15, 오른쪽 그림 G).

● 하락 지속 갭

하락 지속 갭은 하락 에너지를 나타내고 있습니다. 고가권이나 보합세 후에 하락 지속 갭이 나오면 주가가 무너질 위험성이 있습니다(자료 15, 왼쪽 그림 F). 반면, 주가의 하락이 계속된 후에 나오면 그 후 상승

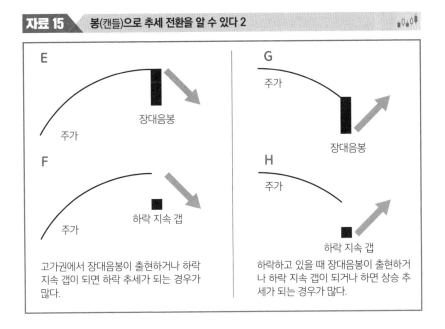

자료 15 봉(캔들)으로 추세 전환을 알 수 있다 2

E

주가

장대음봉

F

주가

하락 지속 갭

고가권에서 장대음봉이 출현하거나 하락 지속 갭이 되면 하락 추세가 되는 경우가 많다.

G

주가

장대음봉

H

주가

하락 지속 갭

하락하고 있을 때 장대음봉이 출현하거나 하락 지속 갭이 되거나 하면 상승 추세가 되는 경우가 많다.

추세가 된다고 예측할 수 있습니다(자료 15, 오른쪽 그림 H).

● 긴 윗꼬리

주가가 급상승에서 급락할 가능성을 나타내고 있습니다. 주가 상승이 계속된 후에 이것이 나온 경우는 하락 추세로 들어가는 신호가 됩니다(자료 16, 왼쪽 그림 I). 또한, 장대양봉과 장대음봉이 나란히 나온 경우도 급상승에서 급락할 가능성을 나타내고 있으므로 긴 윗꼬리가 나왔을 때와 마찬가지로 하락 추세로 들어가는 신호라고 생각할 수 있습니다(자료 16, 왼쪽 그림 J).

● 긴 아랫꼬리

주가가 급락에서 급상승할 가능성을 나타내고 있습니다. 주가 하락

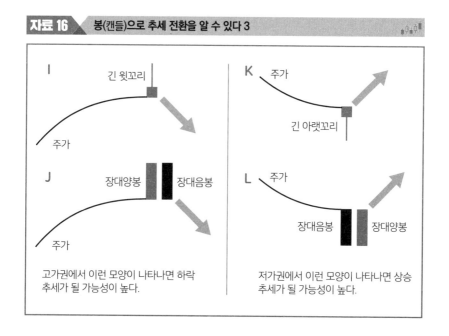

자료 16 봉(캔들)으로 추세 전환을 알 수 있다 3

I 긴 윗꼬리
주가

K 주가
긴 아랫꼬리

J 장대양봉 장대음봉
주가

L 주가
장대음봉 장대양봉

고가권에서 이런 모양이 나타나면 하락 추세가 될 가능성이 높다.

저가권에서 이런 모양이 나타나면 상승 추세가 될 가능성이 높다.

이 계속된 후에 긴 아랫꼬리가 나온 경우는 급락에서 매수 주문이 들어와 주가가 되돌아간 것을 나타냅니다. 따라서 주가가 상승으로 바뀌었다고 판단할 수 있습니다(자료 16, 오른쪽 그림 K).

주가 급락 후에 장대음봉과 장대양봉이 나란히 나온 경우도 급락에서 급상승할 가능성을 나타내고 있으므로 긴 아랫꼬리가 나왔을 때와 마찬가지로 상승 추세로 들어가는 신호라고 판단할 수 있습니다(자료 16, 오른쪽 그림 L).

키워드 5 이동평균선으로 매도·매수 신호를 캐치한다

'이동평균선'은 대부분의 차트에 그려져 있습니다. 줄여서 '이평선'이라고 부릅니다. 이것은 일정 기간의 주가 평균을 나타낸 선으로, 추세를 보기 위해서 사용됩니다. 이동평균선에서는 주가의 움직임을 '흐름'으로 파악할 수 있습니다. 이해하기 쉽기 때문에 많은 투자자들이 참고하고 있습니다. 물론, 이동평균선만을 참고하는 것은 아닙니다. 앞에서 설명한 키워드 1~4와 합쳐서 차트를 살피면 더 정밀한 예측이 가능할 것입니다.

이동평균선의 기간은 여러 가지가 있습니다. 일봉(하루를 1단위로 한 주가의 움직임) 차트에서는 5일, 25일, 75일, 주봉(일주일을 1단위로 한 주가의 움직임) 차트에서는 13주, 26주의 이동평균선이 많이 사용됩니다.

예를 들면, 5일 이동평균선은 5일간의 종가들의 합을 평균으로 나눈 값입니다. 매일 오르내리는 주가의 움직임을 평균화함으로써 주가의 추세를 파악하기 쉬워집니다.

일반적으로는 단기·중기·장기 이동평균선을 병용해서 주가의 대략적인 경향을 살핍니다. 5일 및 25일 이동평균선은 단기 추세를 나타내고, 13주 및 26주 이동평균선은 중장기의 추세를 나타냅니다.

저는 일봉 차트는 단기적인 움직임을 파악하기 위해서, 주봉 차트는 큰 추세를 파악하기 위해서 보는데, 일봉 차트는 5일과 25일, 주봉 차트는 13주와 26주의 이동평균선을 주로 보고 있습니다. 연습 문제에서는 일봉 차트를 사용하고 있기 때문에, 우선 일봉 차트의 이동평균선을 보고 수일에서 2~3개월 앞의 주가 동향을 예측하는 방법을 배워보겠습니다.

이동평균선의 특징으로는 ① 주가 추세를 나타낸다, ② 주가의 반전 지점을 파악할 수 있다, ③ 주가가 이동평균선에서 지나치게 떨어지면 되돌리는 힘이 작용한다 등이 있습니다. 이동평균선은 주가를 평균하는 것이기 때문에 주가와 이동평균선은 거의 같은 움직임을 보입니다.

상승 추세일 때의 이동평균선은 주가가 이동평균선을 상회하거나, 또는 이동평균선이 위를 향하고 있는 2가지 특징이 나타납니다. 하락 추세일 때는 그 반대가 됩니다.

특징 ②인 주가의 반전 지점을 파악할 수 있다는 점에서 보면, 주가가 하락하기 시작했을 때는 이동평균선에서 상승으로 바뀔 가능성이 높기에 매수 지점이 됩니다. 반면, 주가가 상승하기 시작했을 때는 이동평균선에서 본래의 상태로 돌아갈 것이라 예측할 수 있기에 매도 포인트가 됩니다.

그리고 주가가 이동평균선에서 크게 떨어졌을 경우에는 이동평균선을 향해 본래대로 되돌리려는 힘이 작용합니다. 따라서 주가가 이동평

자료 17 　이동평균선의 특징

이동평균선 = 주가의 움직임을 평균해서 주가의 추세를 나타낸 선

5일 이동평균선은

5일간의 종가 평균치 = $\dfrac{\text{그날의 종가} + \text{1일 전의 종가} + \cdots\cdots\text{4일 전의 종가}}{5}$

25일 이동평균선은

25일간의 종가 평균치 = $\dfrac{\text{그날의 종가} + \text{1일 전의 종가} + \cdots\cdots\text{24일 전의 종가}}{25}$

이동평균선의 종류

일봉 차트
- 5일 이동평균선 - 초단기의 추세를 나타낸다.
- 25일 이동평균선 - 단기의 추세를 나타낸다.

주봉 차트
- 13주 이동평균선 - 중기의 추세를 나타낸다.
- 26주 이동평균선 - 장기간에 걸친 큰 추세를 나타낸다.

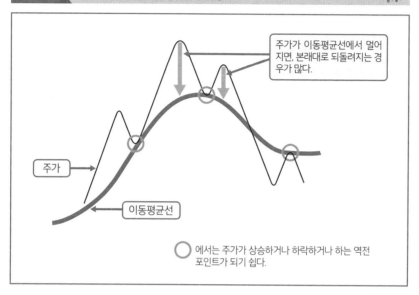

자료 18 기억해두어야 할 이동평균선의 특징

주가가 이동평균선에서 멀어지면, 본래대로 되돌려지는 경우가 많다.

주가

이동평균선

○ 에서는 주가가 상승하거나 하락하거나 하는 역전 포인트가 되기 쉽다.

균선보다 위로 크게 벌어지면, 향후에는 주가가 떨어질 것이라 판단할 수 있어 매도 신호, 반대로 아래로 크게 벌어지면 매수 신호가 됩니다.

이러한 움직임을 거래량의 움직임과 함께 보면 더욱 효과가 높을 것입니다. 주가가 이동평균선에서 크게 아래로 벌어져 있을 때 거래량이 급증하면, 주가는 이동평균선을 향해서 상승하기 시작할 가능성이 높다고 판단할 수 있습니다.

이동평균선은 주가의 관계뿐만 아니라 기간이 다른 2개의 이동평균선이 어떤 식으로 교차(크로스)하는지에 따라 주가의 동향을 예측하는 방법도 있습니다. 크로스 방법에는 골든 크로스와 데드 크로스가 있습니다.

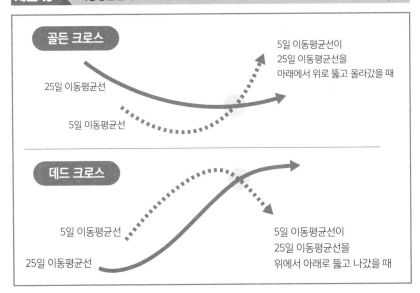

자료 19 이동평균선의 크로스는 간과해서는 안 된다!

골든 크로스

25일 이동평균선

5일 이동평균선

5일 이동평균선이
25일 이동평균선을
아래에서 위로 뚫고 올라갔을 때

데드 크로스

5일 이동평균선

25일 이동평균선

5일 이동평균선이
25일 이동평균선을
위에서 아래로 뚫고 나갔을 때

　단기간의 예로 설명하면 골든 크로스는 5일 이동평균선이 상승하면서 25일 이동평균선을 아래에서 위로 뚫고 올라가는 상태를 말합니다. 이것은 이후 주가가 상승할 가능성이 높은 것을 나타내고 있어 매수 신호입니다.

　데드 크로스는 5일 이동평균선이 하락하면서 25일 이동평균선을 위에서 아래로 뚫고 나가는 경우입니다. 이것은 주가가 하락하는 것을 나타내고 있으므로 매도 신호가 됩니다.

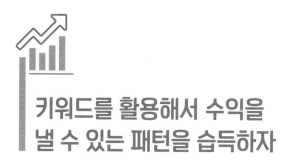

키워드를 활용해서 수익을
낼 수 있는 패턴을 습득하자

1 저가권에서 거래량이 급증하는 패턴

이 장에서는 앞에서 설명한 5가지의 키워드를 사용해서 이익을 내는 차트 패턴 5가지를 소개하려고 합니다.

첫 번째는 '저가권에서 거래량이 급증해서 상승'하는 패턴입니다. 이것은 5가지의 키워드 중 '거래량'의 항목에서 이미 설명한 것입니다. 가장 알기 쉽고 가장 유효성이 높은 패턴으로, 제가 가장 많이 사용하는 것입니다.

주가가 하락하면 대부분의 투자자들은 '슬슬 살 때인가…'라고 생각하기 시작합니다. 그러므로 거래량이 급증해서 주가가 조금씩 상승한다는 것은 실제로 많은 투자자가 매수하기 시작했다는 것을 보여주고 있습니다. 또는 그 회사에 관한 정보에 좋은 변화가 있다고 판단되어 많은 투자금이 투입되고 있는 것일지도 모릅니다.

저가권에서 거래량이 급증해 주가가 상승하는 움직임에는 이와 같이 상승 추세로 들어갈 요인이 있는 경우가 많습니다. 이같은 움직임이 보이면 반드시 체크해서 매수 타이밍을 가늠해야 합니다.

② 보합세의 브레이크아웃 패턴

주가가 오르내리면서도 보합세에 있는 경우는 상승 추세도 하락 추세도 아닌 움직임입니다. 하지만 보합세가 계속된다는 것은 주가가 움직임을 쉬고 있다는 상태라고 할 수 있어 위나 아래로 움직이는 에너지를 모으고 있다고 할 수 있습니다. 이런 상태에서 빠져나오면 에너지가 모인 만큼 한동안 빠져나간 방향으로 움직임을 보일 것입니다.

따라서 보합세에서 주가가 위로 상승하면(브레이크아웃하면) 한동안 상승이 계속된다고 생각할 수 있기에 매수 신호가 됩니다. 보합세를 브레이크아웃할 때 거래량이 급증하면 할수록 발생하는 상승 에너지는 크다고 판단할 수 있습니다.

또한, 보합세의 한 가지로 '삼각 수렴형'이라는 형태도 있습니다. 이것은 주가가 위아래로 움직이는 폭이 점점 작아져 삼각형의 형태가 되

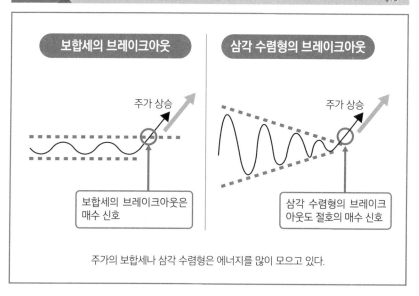

보합세의 브레이크아웃

주가 상승

보합세의 브레이크아웃은
매수 신호

삼각 수렴형의 브레이크아웃

주가 상승

삼각 수렴형의 브레이크
아웃도 절호의 매수 신호

주가의 보합세나 삼각 수렴형은 에너지를 많이 모으고 있다.

면서 보합세가 되는 것으로, 〈자료 21〉과 같이 여러 가지 형태가 있습니다.

'삼각 수렴형의 브레이크아웃'이란, 고가를 연결한 선을 주가가 위로 돌파하는 것입니다. 삼각 수렴형을 브레이크아웃한 경우에도 큰 상승 에너지가 발생하는 경향이 있지만, 그것은 오르내리는 폭이 작을수록 에너지가 많이 쌓여 있다고 생각할 수 있기 때문입니다.

이처럼 삼각 수렴형의 브레이크아웃도 매수 신호가 됩니다. 브레이크아웃과 반대로 보합세이면서 주가가 아래로 돌파하는 것을 브레이크다운이라고 합니다. 삼각 수렴형의 브레이크다운은 저가를 이은 선 아래로 주가가 떨어지는 것입니다.

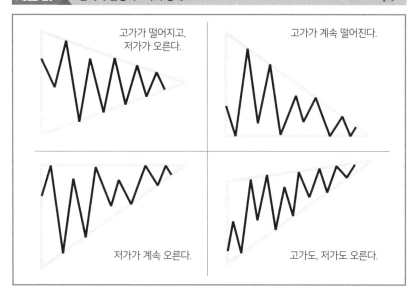

고가가 떨어지고, 저가가 오른다.

고가가 계속 떨어진다.

저가가 계속 오른다.

고가도, 저가도 오른다.

보합세의 브레이크다운은 당분간 하락이 계속된다고 판단할 수 있으므로 매도 신호가 됩니다.

③ 급등 후, 고가 보합세의 브레이크아웃 패턴

다음 페이지의 차트 패턴 1과 2를 합친 것 같은 움직임이 '급등 후, 고가 보합세의 브레이크아웃'입니다. 급등할 때의 움직임에는 앞에서 설명한 것과 같이 저가권에서의 장대양봉과 상승 지속 갭의 2가지 패턴이 있습니다. 이것은 많은 투자자들이 자금을 투입했다는 것을 나타내는 형태입니다.

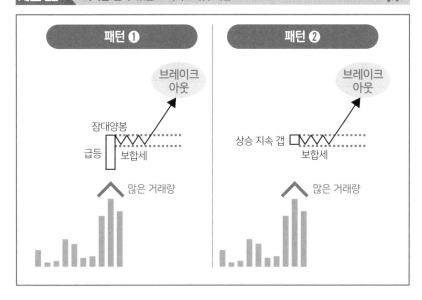

자료 22 이익을 낼 수 있는 브레이크아웃 패턴

패턴 ❶

브레이크아웃

장대양봉

급등 보합세

많은 거래량

패턴 ❷

브레이크아웃

상승 지속 갭

보합세

많은 거래량

급등 후의 보합세는 스타트 대시(Start Dash)한 후에 잠깐 휴식하면서 숨을 고르고 있는 상태라고 생각하십시오. 급등한 후에 고가에서 보합세 형태가 되면 주의해서 지켜봅니다. 브레이크아웃하면 확실히 강력한 매수 신호입니다.

4 이중바닥형(쌍바닥, W바닥)의 목선 돌파 패턴

이중바닥형이란 주가가 하락한 후에 두 번 저가를 찍는 패턴을 말합니다. 알파벳의 W와 같은 모양이기에 W형이라고도 합니다. 두 번 바닥 시세를 찍으면, 상승하기 시작하는 패턴입니다. 지금까지의 제 경험상 쌍바닥을 이용한 매매 전략의 승률은 높다고 할 수 있습니다.

이 패턴에서 매수 포인트가 되는 것은 목선(Neck Line)을 넘은 시점입니다. 목선이란 2개의 저가 사이의 고가입니다. 두 번째의 저가를 찍은 후에 목선을 돌파하면 이중바닥의 형태가 완성되었다고 판단할 수 있어 매수 포인트라고 볼 수 있습니다.

목선을 돌파한 시점에 거래량이 급증하면 강항 상승 에너지를 동반하기 때문에 더욱 주가가 상승한다고 예측할 수 있습니다. 하지만, 주가가 목선을 넘은 것을 확인할 때까지는 안일하게 사지 않는 것이 현명합니다. 목선을 넘기 전에 하락하는 경우가 있기 때문입니다. 또한, 이중바닥 형태가 되면 주가 상승의 수준을 어느 정도 예측할 수 있습니다. 뒤의 연습 문제에서 더 자세히 설명하겠지만, 일반적으로는 이중바닥의 저가에서 목선까지의 가격 폭을 목선에서 덧붙여 이익을 결정하는 것을 이익 확정의 첫 번째 목표로 잡습니다.

그런데 차트에서는 W를 반대로 한 M자 형의 패턴이 나타나는 경우가 있습니다. 이것은 이중바닥과는 반대로 매도 신호가 됩니다.

M자 형, 즉 이중천정형은 2개의 고가가 나열된 형태입니다. 주가가 2개의 고점 사이에 있는 저가에서 그 아래로 떨어지면 이러한 이중천정형이 완성되는데, 주가가 하락할 가능성이 높은 패턴입니다. 고가권에서 이러한 패턴이 보이면 매도 사인이라고 판단하기 바랍니다.

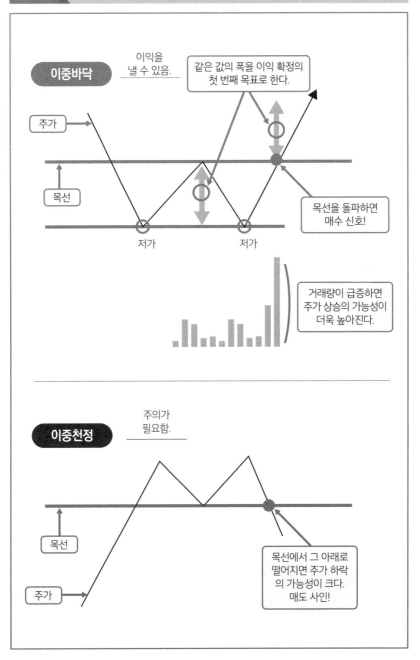

5 상승 추세의 눌림목 매수 패턴

눌림목이란 상승 추세에서 주식이 일시적으로 내려간 것을 의미합니다. 눌림목에서 사서 상승하면 파는 매매를 반복하는 것이 이 패턴인데, 주식 투자의 정통적인 방법입니다.

상승 추세인지, 아닌지 판단하기 위해서는 추세선이나 이동평균선을 이용합니다. 주가가 추세선을 떠받치면서 상승하고 있거나 이동평균선이 상향하고 있거나 주가가 이동평균선을 상회하고 있거나 하는 상태라면 상승 추세라고 할 수 있습니다.

눌림목 매수의 핵심은 상승 추세에 있는 주가가 추세선이나 이동평균선까지 하락한 시점입니다. 눌림목 매수를 하는 경우에는 추세선이나 이동평균선을 깔끔하게 따르고 있는 종목을 대상으로 하면 좋습니다.

자료 24 이익을 얻을 수 있는 상승 추세의 눌림목 매수 패턴

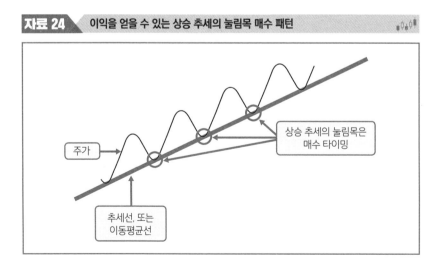

6 그 외의 차트 패턴

지금까지 설명한 5가지의 이익을 얻을 수 있는 주가 패턴은 비교적 보기 쉬운 '이익을 내기 쉬운 형태'입니다. 여기에서는 눈에 보이는 것은 많지 않지만, 알아두면 도움이 되는 이익을 얻을 수 있는 패턴과 주의하면 좋을 패턴을 몇 가지 소개하겠습니다.

자료 25 외워두면 편리한 차트 패턴

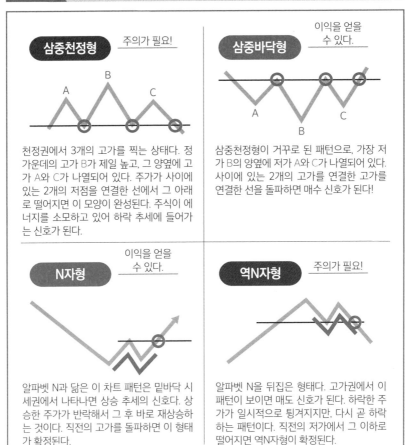

삼중천정형 — 주의가 필요!

천정권에서 3개의 고가를 찍는 상태. 정 가운데의 고가 B가 제일 높고, 그 양옆에 고가 A와 C가 나열되어 있다. 주가가 사이에 있는 2개의 저점을 연결한 선에서 그 아래로 떨어지면 이 모양이 완성된다. 주식이 에너지를 소모하고 있어 하락 추세에 들어가는 신호가 된다.

삼중바닥형 — 이익을 얻을 수 있다.

삼중천정형이 거꾸로 된 패턴으로, 가장 저가 B의 양옆에 저가 A와 C가 나열되어 있다. 사이에 있는 2개의 고가를 연결한 고가를 연결한 선을 돌파하면 매수 신호가 된다!

N자형 — 이익을 얻을 수 있다.

알파벳 N과 닮은 이 차트 패턴은 밑바닥 시세권에서 나타나면 상승 추세의 신호. 상승한 주가가 반락해서 그 후 바로 재상승하는 것이다. 직전의 고가를 돌파하면 이 형태가 확정된다.

역N자형 — 주의가 필요!

알파벳 N을 뒤집은 형태다. 고가권에서 이 패턴이 보이면 매도 신호가 된다. 하락한 주가가 일시적으로 튕겨지지만, 다시 곧 하락하는 패턴이다. 직전의 저가에서 그 이하로 떨어지면 역N자형이 확정된다.

사이클이 있는 주식 시장에서 함정에 빠지지 않기

상승 추세일 때에도 주의해야 한다

지금까지 기술적 분석에 필요한 5가지 키워드 등의 이익을 얻을 수 있는 차트 패턴을 살펴보았습니다. 거기에 여러분이 하나 더 이해해둬야 할 것이 있습니다. 그것은 '주식 시장에는 사이클이 있다'는 것입니다.

당연한 것이지만, 예전부터 주식 시장에서는 상승 추세와 하락 추세, 즉 이익을 얻기 쉬운 시기와 손해를 보기 쉬운 시기가 반복되고 있습니다. 많은 투자자, 특히 초심자는 시장이 가장 성황을 이루고 있을 때 주식을 시작하는 경향이 있습니다. 분명 상승 추세의 시기지만, 그때는 이미 상승 추세의 최종 국면으로 주가는 정점을 찍고 있다는 것을 모르고 말입니다. 그렇게 머지않아 주가는 하락 추세로 전환되어버립니다. 그 때문에 꼭대기 직전에 산 많은 투자자는 고가에 산 주식의 손실 가능성이 점점 더 커집니다. 이것이 예전부터 경계되어온 사이클의 함정입니다.

즉, 초심자가 주식 시장에 우르르 몰려오면 시장이 과열되어 정점을 찍게 될 가능성이 높은 것입니다. 그로 인해 상승 추세에서는 거래량에도 주목하면서 경계할 필요가 있습니다. 위험한 신호가 보이면 주저하지 말고 잠시 철수하는 것을 추천합니다. 그대로 그 종목을 가지고 있으면 산 가격보다 큰 폭으로 가격이 떨어져 손실이 발생할 우려가 있기 때문입니다.

만일, 손실이 커지기 전에 주가가 되돌아왔다고 해도 그것은 '잘못된 성공 체험'이 되어버립니다. 이러한 체험은 다른 종목에서도 '그때 주가가 돌아왔으니까 이번에도 괜찮을 거야'라고 생각해 손절하지 않게 만들어 큰 손실로 이어지게 합니다.

손절을 주저하면 안 된다

하락 추세가 되면 초심자에게는 이익을 얻기 어려운 국면이 됩니다. 거기에서 마구 물타기 매수를 해서 주가 하락이 더욱 심해진 때, 간신히 손절한 후 '이제 주식은 진절머리 난다'며 의지를 잃게 되면, 다음 기회에 만회할 수 없습니다.

하락 추세로 들어가면 손절해서 일시적으로 물러났다가 다음 상승 추세에 대비해 주식의 공부나 종목 연구를 하는 것이 좋습니다. 시장의 사이클을 제대로 이해하고 상승 추세, 하락 추세, 보합세 등, 각각의 국면에 잘 대응하고 손절을 주저하지 말아야 합니다. 이것을 철저하게 지켜주십시오. 그 이유는 다음과 같습니다.

▶ 한번 떨어진 주식은 어디까지 떨어질지 모른다.
▶ 상승 추세로 들어가도 주식은 오르지 않을 가능성이 있다.

그렇기 때문에 하락 추세로 들어가는 신호를 재빨리 알아채는 것이 중요합니다.

닛케이지수를 참고한 효과적인 전략

마지막으로 닛케이지수를 참고하면서 전체 시장의 각 국면에서 효과적으로 대응하는 전략을 소개하겠습니다.

❶ 보합세 국면
주가가 일정한 범위에서 오르내리는 중에 저가로 사서 고가에 파는 전략을 취합니다.

❷ 상승 추세의 초기 단계

바닥 시세에 있는 종목으로 상승 추세에 들어갈 것 같은 신호가 보이는 차트 패턴이 있으면 매수합니다. 이러한 패턴을 계속 찾으면 좋을 것입니다.

❸ 상승 추세가 명확한 국면

추세선이나 25일 이동평균선에 따라 깔끔하게 상승하고 있는 종목을 찾아 상승 추세의 눌림목 매수(75페이지 참조)나 보합세 후의 브레이크 아웃을 노리는 것이 좋습니다.

❹ 보합세 국면

상승 추세가 한동안 지속된 결과, 가격 변동이 둔해집니다. 고가를 브레이크했다고 생각되어도 하락해버리는 움직임이 반복됩니다. 손절이 많아져 참고 자제하지 않으면 안 되는 시기입니다.

❺ 하락 추세

하락 추세로 들어간 것이 확실해지면 추세는 잠시 쉬게 됩니다. 다음 기회를 대비해 종목 연구 등을 해보세요.

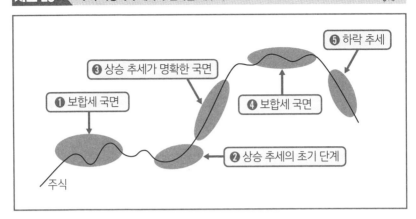

PART 03

2004년~2007년의 닛케이지수를 읽고 이해하자

닛케이지수를 토대로 개별 종목의 주가 예측을 하는 5가지 키워드인 '추세선', '거래량', '지지선·저항선', '봉(캔들)', '이동평균선'을 어떻게 활용할지 연습 문제를 통해서 알아보겠습니다.

닛케이지수에 대해서
제대로 이해하자

닛케이지수로 주식 시장의 상황을 알 수 있다

여러분은 닛케이지수가 어떤 식으로 계산되는지 알고 계신가요? 뉴스 등에서 안 보이는 날이 없을 정도로 빈번하게 사용되는 단어인데, 주가 차트에서 돈을 벌기 위해서는 닛케이지수를 분석하는 것이 중요합니다.

닛케이지수는 도쿄증권거래소 1부에 상장하는 약 1,700종목의 주식 중에서 대표적인 225종목의 주가를 토대로 산출한 주가 지수입니다. 종목은 시장 유동성이 높은(매매가 성립하기 쉽다) 것을 업종 밸런스에 맞춰 선택하고 있습니다. 일본경제신문사가 정보를 제공하고 있기에 '닛케이'라는 명칭이 붙었습니다.

덧붙여 도쿄증권거래소는 대기업을 중심으로 한 '1부', 중소기업을 중심으로 한 '2부', 벤처기업을 중심으로 한 '도쿄증권 마더스', 이 3개의 주식 시장을 운영하고 있습니다.

또한, 'TOPIX'는 도쿄증권 1부에 상장된 전 종목을 대상으로 한 일본의 주식 시장 전체의 움직임을 표현한 주가 지수로, 도쿄증권거래소가 산출·공표하고 있습니다.

이것을 이해하고 나서 5가지의 키워드로 해설한 '추세선', '거래량', '지지선·저항선', '봉(캔들)', '이동평균선'을 조합해서 생각하면 주가의 움직임을 더욱 쉽게 알 수 있을 것입니다.

닛케이지수의 움직임을 명확히 예측하는 것은 불가능하지만, 트레이닝에 따라 어느 정도는 가능합니다. 다만, 만약 예측이 빗나갔다고 해도 주가가 계속 상승만 하지는 않는 것처럼, 계속 하락만 하는 경우도 없기에 극단적으로 낙담할 필요는 없습니다.

그럼 지금부터 2004년~2007년의 닛케이지수의 주가 차트를 토대로 '추세선', '거래량', '지지선·저항선', '봉(캔들)', '이동평균선'에 관한 연습 문제를 풀어보겠습니다.

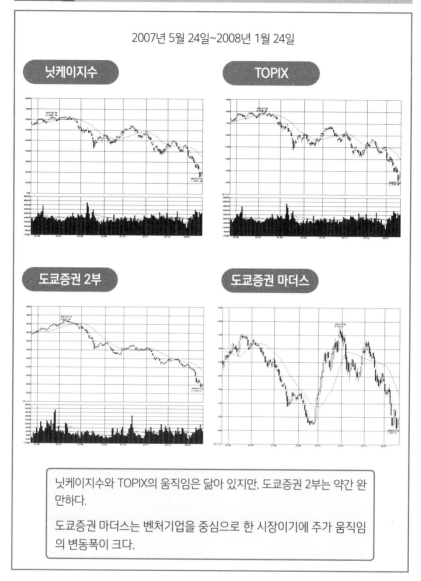

2007년 5월 24일~2008년 1월 24일

닛케이지수

TOPIX

도쿄증권 2부

도쿄증권 마더스

닛케이지수와 TOPIX의 움직임은 닮아 있지만, 도쿄증권 2부는 약간 완만하다.

도쿄증권 마더스는 벤처기업을 중심으로 한 시장이기에 주가 움직임의 변동폭이 크다.

차트상에 추세선을 그어주세요.

닛케이지수 2004년 1월 5일~2004년 12월 30일

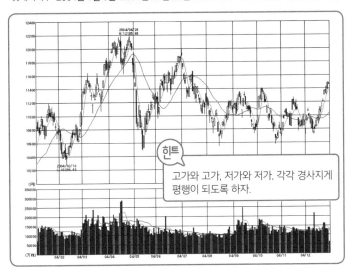

힌트

고가와 고가, 저가와 저가, 각각 경사지게
평행이 되도록 하자.

 거래량과 주가의 관계를 설명해주세요.

닛케이지수 2004년 1월 5일~2004년 12월 30일

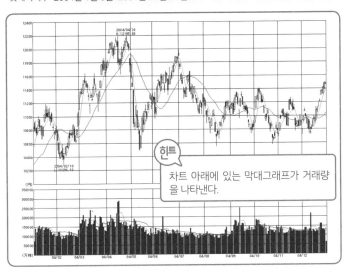

힌트

차트 아래에 있는 막대그래프가 거래량
을 나타낸다.

Q3 지지선·저항선을 그려보세요.

닛케이지수 2004년 1월 5일~2004년 12월 30일

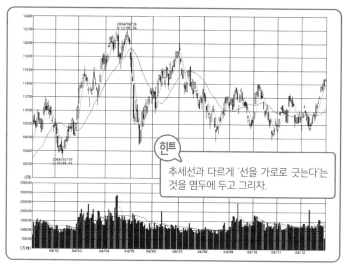

힌트

추세선과 다르게 '선을 가로로 긋는다'는 것을 염두에 두고 그리자.

Q4 Q1~Q3의 해답을 차트에 전부 기입하고, 주목해야 할 포인트를 생각해 주세요. 그리고 봉과 이동평균선의 포인트를 생각해주세요.

닛케이지수 2004년 1월 5일~2004년 12월 30일

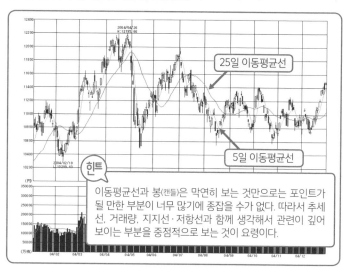

25일 이동평균선

5일 이동평균선

힌트

이동평균선과 봉(캔들)은 막연히 보는 것만으로는 포인트가 될 만한 부분이 너무 많기에 종잡을 수가 없다. 따라서 추세선, 거래량, 지지선·저항선과 함께 생각해서 관련이 깊어 보이는 부분을 중점적으로 보는 것이 요령이다.

고가와 고가, 저가와 저가를 연결하면 다음과 같은 그림의 추세선이 4개 나옵니다.

닛케이지수 2004년 1월 5일~2004년 12월 30일

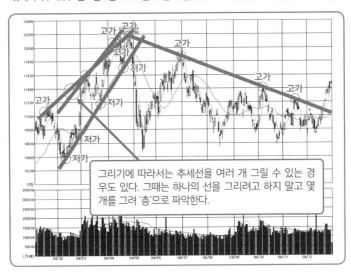

그리기에 따라서는 추세선을 여러 개 그릴 수 있는 경우도 있다. 그때는 하나의 선을 그리려고 하지 말고 몇 개를 그려 '층'으로 파악한다.

A지점에서 거래량 증가 후, 주가가 급락하고 있습니다.

닛케이지수 2004년 1월 5일~2004년 12월 30일

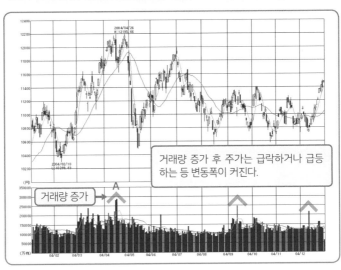

거래량 증가 후 주가는 급락하거나 급등하는 등 변동폭이 커진다.

고가와 고가를 가로로 연결한 저항선과 저가와 저가를 가로로 연결한
지지선은 반드시 차트 위에 그리도록 합니다.

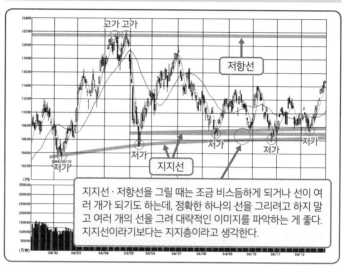

닛케이지수 2004년 1월 5일~2004년 12월 30일

지지선·저항선을 그릴 때는 조금 비스듬하게 되거나 선이 여러 개가 되기도 하는데, 정확한 하나의 선을 그리려고 하지 말고 여러 개의 선을 그려 대략적인 이미지를 파악하는 게 좋다. 지지선이라기보다는 지지층이라고 생각한다.

선을 가로로 그리는 것을 익히자 ······························

많은 책에서 추세선은 빈번하게 다루어지고 있는데, 지지선·저항선에 대해서는
그다지 다루어지지 않고 있는 듯합니다. 하지만 추세선만으로 예측하면 빗나갈
경우도 있습니다. 주가가 어떤 일정한 라인을 넘지 못하고 몇 번이고 되돌아오게
됩니다. 또는 하락해도 반드시 떠받쳐집니다. 이런 경우에서는 추세선이 아니라
지지선·저항선이 작용하고 있다고 생각할 수 있습니다.

이것들에 대해서는 앞으로의 문제에서 자세하게 설명하겠지만, 지지선·저항선은
장기간에 걸쳐 작용하는 경우도 있습니다. 전년의 지지선이나 저항선이 당해의
주기에 영향을 주는 경우도 있습니다. 비스듬한 추세선뿐만 아니라 반드시 차트
위에 지지선·저항선을 그려서 체크하는 습관을 기르는 것이 좋습니다.

우선, Q1~Q3의 해답을 합쳐서 생각하는 포인트를 해설하겠습니다.

닛케이지수 2004년 1월 5일~2004년 12월 30일

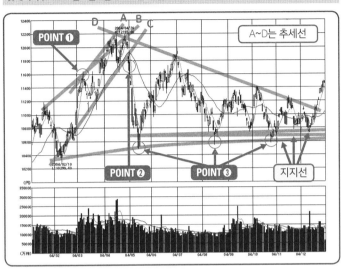

해설

POINT ❶ 추세선은 4개 그릴 수 있습니다(A, B, C, D). 주가는 상승 추세에 있는데, POINT ❶에서 주가가 되밀리는 것을 알 수 있습니다. 더구나 1개월 후에도 추세선 A에서 주가가 되밀리고 있으며 이 선을 좀처럼 넘을 수 없습니다. 그래서 추세선 A가 작용해 당분간 주가의 상한이 이 선에 있다는 것을 알 수 있습니다.

POINT ❷ 주가가 추세선 C를 브레이크다운하고 있습니다. 주가는 브레이크다운하면 당분간 하락하는 성질이 있습니다. 그렇기에 여기에서 손절을 하지 않으면 큰 손해를 낼 위험성이 높아집니다. 브레이크다운한 시점에서 손절을 해서 그 후 주가가 돌아오면 다시 삽니다.

POINT ❸ 주가가 지지선에서 4번이나 반등하고 있기 때문에 이 지지선은 꽤 강하게 작용하고 있다는 것을 알 수 있습니다. 앞에서 설명했지만, 지지선을 몇 개나 그릴 수 있는 경우는 '지지층'으로 다룹니다. 추세선, 지지선·저항선은 미래의 주가 예측에도 도움이 됩니다. 중요한 부분이니 반드시 기억해두세요.

다음으로 이동평균선과 봉의 포인트에 관해서 설명하겠습니다.

닛케이지수 2004년 1월 5일~2004년 12월 30일

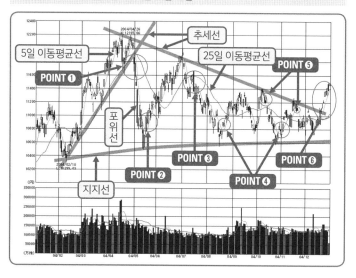

해설

POINT ❶ 여기에서 주가가 추세선을 브레이크다운하는 주가 하락의 신호가 보이고 있습니다. 거기다 이동평균선이 하향이 되어 그것을 하회하는 장대음봉이 작은 양봉을 감싸고 있기에 주가 하락의 가능성이 농후합니다.

POINT ❷ 주가가 지지선에서 떠받쳐진 후, 5일 이동평균선 위에 와 있습니다. 이것은 주가가 반등하는 신호입니다. 더욱이 주가와 25일 이동평균선의 간격이 넓어졌기 때문에 이동평균선 쪽으로 되돌리려는 힘이 움직입니다.

POINT ❸ 고가와 고가가 연결된 추세선이 그어져 있는 곳에 장대음봉이 나와 있습니다. 따라서 추세선을 돌파할 수 없다는 예측을 할 수 있습니다.

POINT ❹ 이 두 점에서는 저가를 연결한 지지선에서 주가가 되돌아오고 더욱이 5일 이동평균선상에 봉(캔들)이 와 있기 때문에 주가 상승을 예측할 수 있는 포인트가 됩니다.

POINT ❺ POINT ❹와는 반대로, 추세선에서 주가가 되돌려진 데다 5일 이동평균선 아래에 주가가 와 있습니다. 이것은 주가가 하락할 신호입니다.

POINT ❻ 주가가 추세선을 돌파해서 양봉이 많고 이동평균선이 위로 향합니다. 또한 이동평균선의 위에 주가가 와 있기 때문에 주가 상승의 가능성이 높아집니다.

Q5 차트에 추세선을 그려주세요.

닛케이지수 2005년 1월 5일~2005년 12월 30일

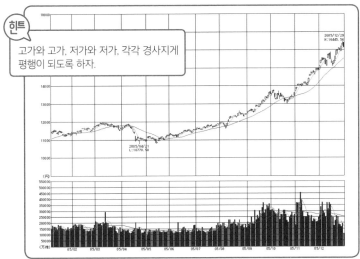

힌트
고가와 고가, 저가와 저가, 각각 경사지게
평행이 되도록 하자.

Q6 거래량의 증가 포인트를 설명해주세요.

닛케이지수 2005년 1월 5일~2005년 12월 30일

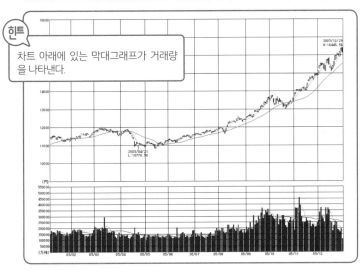

힌트
차트 아래에 있는 막대그래프가 거래량
을 나타낸다.

Q7 지지선·저항선을 그려보세요.

닛케이지수 2005년 1월 5일~2005년 12월 30일

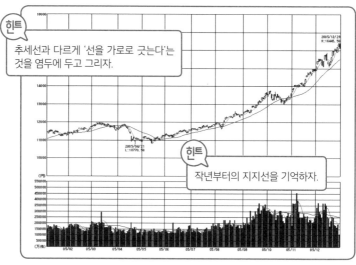

힌트
추세선과 다르게 '선을 가로로 긋는다'는 것을 염두에 두고 그리자.

힌트
작년부터의 지지선을 기억하자.

Q8 Q5~Q7의 해답을 차트에 전부 기입하고, 주목해야 할 포인트를 생각해주세요. 그리고 봉과 이동평균선의 포인트를 생각해주세요.

닛케이지수 2005년 1월 5일~2005년 12월 30일

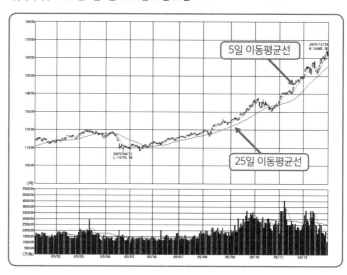

5일 이동평균선

25일 이동평균선

5 전부 7개의 추세선을 그릴 수 있습니다.

닛케이지수 2005년 1월 5일~2005년 12월 30일

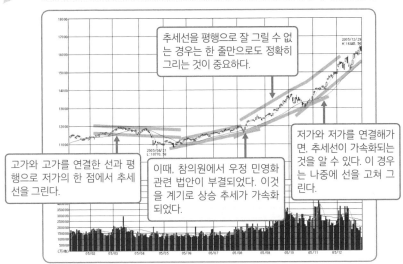

추세선을 평행으로 잘 그릴 수 없는 경우는 한 줄만으로도 정확히 그리는 것이 중요하다.

고가와 고가를 연결한 선과 평행으로 저가의 한 점에서 추세선을 그린다.

이때, 참의원에서 우정 민영화 관련 법안이 부결되었다. 이것을 계기로 상승 추세가 가속화되었다.

저가와 저가를 연결해가면, 추세선이 가속화되는 것을 알 수 있다. 이 경우는 나중에 선을 고쳐 그린다.

6 2005년 4~5월의 주가가 내려갔을 때, 거래량은 증가했습니다. 지지선과 함께 생각했을 때, 주가가 이 선에서 유지될 것이라 예측할 수 있습니다.

닛케이지수 2005년 1월 5일~2005년 12월 30일

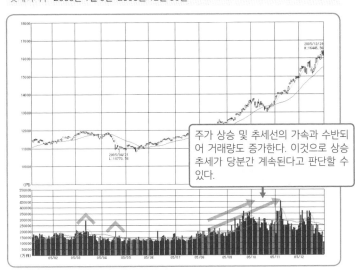

주가 상승 및 추세선의 가속과 수반되어 거래량도 증가한다. 이것으로 상승 추세가 당분간 계속된다고 판단할 수 있다.

전년도의 지지선·저항선을 의식하는 것이 중요합니다. 주가는 2004년부터의 지지선에 의해 유지되고 있으나 2004년의 저항선 12,000엔대를 돌파하지 못하고 있습니다.

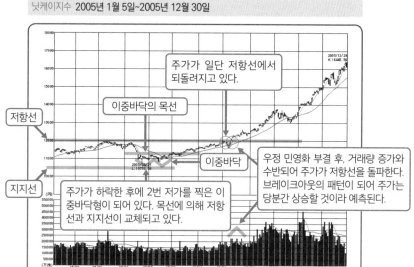

닛케이지수 2005년 1월 5일~2005년 12월 30일

주가가 일단 저항선에서 되돌려지고 있다.

이중바닥의 목선

저항선

우정 민영화 부결 후, 거래량 증가와 수반되어 주가가 저항선을 돌파한다. 브레이크아웃의 패턴이 되어 주가는 당분간 상승할 것이라 예측된다.

이중바닥

지지선

주가가 하락한 후에 2번 저가를 찍은 이중바닥형이 되어 있다. 목선에 의해 저항선과 지지선이 교체되고 있다.

절망 속에서 태어나 회의 속에서 자라 환희 속에서 마친다 ·········

이 말은 주가와 관련된 일본의 유명한 격언입니다. '2004년은 주식 투자를 하기 어렵다'고들 했습니다. 특히 12,000엔이 강한 저항선이 되고, 더욱이 5월의 대폭락으로 '올해는 안 되겠다'고 여겨졌습니다. 즉, '절망 속에서 태어난 것'입니다. 그 때문에 주가가 상승하기 시작했을 때도 많은 투자자들은 반신반의했습니다. '우정 민영화 부결 후의 중의원 해산 등으로 정국이 혼란한 상황인데 정말 오를까?'라는 의문을 가진 사람이 많았습니다.

하지만 거래량이 증가하고 상승 추세가 가속화되자 '슬슬 괜찮겠지…'라고 생각해 사기 시작한 사람들이 많았던 듯합니다. 그런데 버블의 붕괴를 아는 사람은 '환희 속에서 마치는' 공포를 겪었기에 '더 이상 오르지 않겠지…'라고 생각해 상승 시장에서 공매도 등을 해서 결과적으로 큰 손실을 본 사람도 있습니다.

주가가 추세선 이하로 떨어지지 않는 한 아슬아슬할 때까지 공략할 수 있습니다. 기본적으로 차트 패턴을 근거로 해서 투자하면 자신을 잃어버리고 큰 손실을 입을 일은 거의 없습니다.

우선, Q5~Q7의 해답을 합쳐서 생각하는 포인트를 해설하겠습니다.

닛케이지수 2005년 1월 5일~2005년 12월 30일

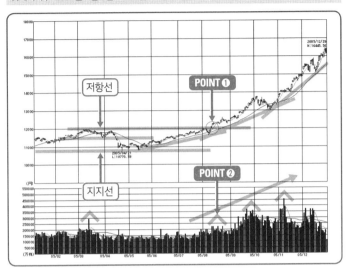

해설

POINT ❶ 주가가 저항선을 돌파하고 있습니다. 브레이크아웃의 패턴대로 당분간은 주가가 상승한다고 예측할 수 있습니다.

POINT ❷ POINT ❶에서 지적한 브레이크아웃의 시점에서 거래량도 증가하고 있습니다. 이것도 상승 추세의 신호입니다.

그렇지

응

다음으로 이동평균선과 봉의 포인트에 관해서 설명하겠습니다.

닛케이지수 2005년 1월 5일~2005년 12월 30일

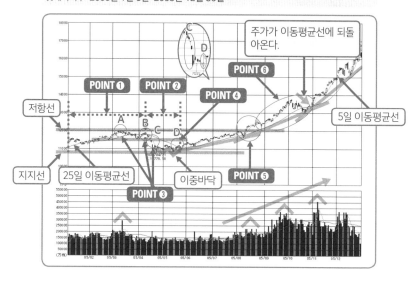

해설

POINT ❶ 시간 축으로써의 큰 흐름인 25일 이동평균선이 위를 향하는 동안에 매수합니다.

POINT ❷ POINT ❶과는 반대로 25일 이동평균선이 아래를 향하는 동안은 매수하면 안 됩니다. 특히 주식 초보자는 섣불리 매매하지 않는 것이 현명합니다.

POINT ❸ 저항선에서 주가는 되돌아오고(A지점과 B지점), 또 봉이 5일 이동평균선에서 그 이하로 떨어져 음봉이 자주 발생(C지점)하고 있습니다. 더구나 주가는 지지선에서 그 이하로 떨어져버렸습니다. 우선 철수를 생각합니다. 왜 5일 이동평균선이 아래로 향하게 될까요? 12,000엔의 저항선이 있기 때문입니다. 2004년의 닛케이지수의 차트를 다시 한번 확인해봅시다. 12,000엔 정도에 저항선이 있습니다. 앞에서도 이야기했지만, 지지선·저항선은 장기간에 걸쳐 작용합니다.

POINT ❹ 이중바닥을 지지선에서 되돌아와 양봉이 나와 있습니다(D지점). 하지만 25일 이동평균선은 상회하고 있어 주가가 그 위에 옵니다. 지지선에서 되밀려 있는 것과 합쳐서 생각하면 상승 추세라고 판단할 수 있습니다.

POINT ❺ 저항선 돌파+거래량 증가에 이동평균선이 위를 향하고 양봉이 많은 것 등 상승 추세의 요소가 많다는 것을 알 수 있을 것입니다.

POINT ❻ 주가와 이동평균선 사이의 간격이 벌어지기 시작하면 주가가 하락할 가능성이 있다는 것에 주의하지 않으면 안 됩니다.

Q9 차트상에 추세선을 그어주세요.

닛케이지수 2006년 1월 5일~2006년 12월 30일

힌트

고가와 고가, 저가와 저가, 각각 경사지게 평행이 되도록 하자.

Q10 거래량의 증가 포인트를 설명해주세요.

닛케이지수 2006년 1월 5일~2006년 12월 30일

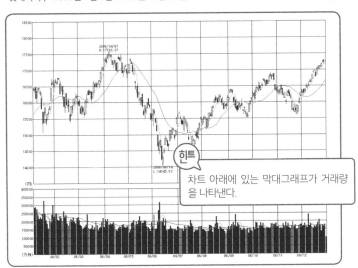

힌트

차트 아래에 있는 막대그래프가 거래량을 나타낸다.

Q11 2005년부터의 지지선을 염두에 두고, 지지선·저항선을 그려보세요.

닛케이지수 2006년 1월 5일~2006년 12월 30일

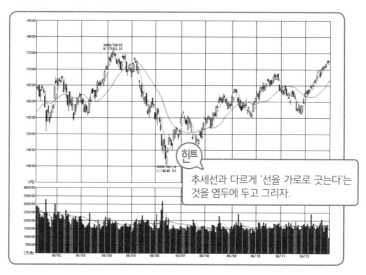

힌트

추세선과 다르게 '선을 가로로 긋는다'는 것을 염두에 두고 그리자.

Q12 Q9~Q11의 해답을 차트에 기입하고, 주목해야 할 포인트를 생각해주세요. 그리고 봉과 이동평균선의 포인트를 생각해주세요.

닛케이지수 2006년 1월 5일~2006년 12월 30일

25일 이동평균선

5일 이동평균선

A9 전년부터 이어지고 있는 추세선★을 잊지 마세요. 라이브도어 쇼크로 추세선에서 이하로 떨어졌기 때문에 일단 손절한 후 지켜보세요.

닛케이지수 2006년 1월 5일~2006년 12월 30일

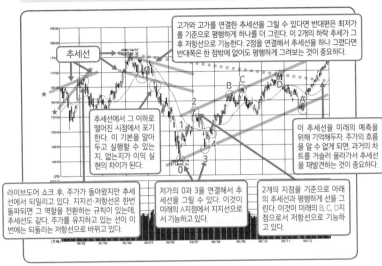

고가와 고가를 연결한 추세선을 그릴 수 있다면 반대편은 최저가를 기준으로 평행하게 하나를 더 그린다. 이 2개의 하락 추세가 그 후 저항선으로 기능한다. 2점을 연결해서 추세선을 하나 그렸다면 반대쪽은 한 점밖에 없어도 평행하게 그려보는 것이 중요하다.

추세선

추세선에서 그 이하로 떨어진 시점에서 포기한다. 이 기본을 알아두고 실행할 수 있는지, 없는지가 이익 실현의 차이가 된다.

이 추세선을 미래의 예측을 위해 기억해두자. 주가의 흐름을 알 수 없게 되면, 과거의 차트를 거슬러 올라가서 추세선을 재발견하는 것이 중요하다.

라이브도어 쇼크 후, 주가가 돌아왔지만 추세선에서 되밀리고 있다. 지지선·저항선은 한번 돌파되면 그 역할을 전환하는 규칙이 있는데, 추세선도 같다. 주가를 유지하고 있는 선이 이번에는 되돌리는 저항선으로 바뀌고 있다.

저가의 0과 3을 연결해서 추세선을 그릴 수 있다. 이것이 미래의 A지점에서 지지선으로서 기능하고 있다.

2개의 지점을 기준으로 아래의 추세선과 평행하게 선을 그린다. 이것이 미래의 B, C, D지점으로서 저항선으로 기능하고 있다.

A10 거래량이 증가했을 때 주가가 하락하고 있으면, 그 시점이 가장 바닥 시세가 되는 경향이 있습니다. 'A지점이 바닥 시세였다. 그 주가에서 그 이하로 떨어지지는 않을 것이다'라는 예측을 할 수 있습니다.

닛케이지수 2006년 1월 5일~2006년 12월 30일

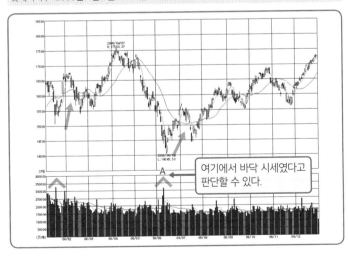

여기에서 바닥 시세였다고 판단할 수 있다.

주가가 5지점에 온 시점에서 이전의 저가와 5지점을 연결해서 선을 그릴 수 있습니다. 게다가 주가가 이 선을 8월 이후 브레이크아웃함으로써 저항선이 지지선이 되었습니다. 7, 8지점에서 지지선으로 주가를 유지하고 있다는 것을 알 수 있습니다.

닛케이지수 2006년 1월 5일~2006년 12월 30일

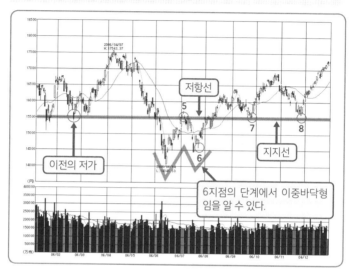

저항선이나 지지선,
이중바닥형의 목선이
같은 선이 되는 경우도
있구나!

메모해두자

Q9~Q11의 해답을 합쳐서 생각하는 포인트를 설명하겠습니다.

닛케이지수 2006년 1월 5일~2006년 12월 30일

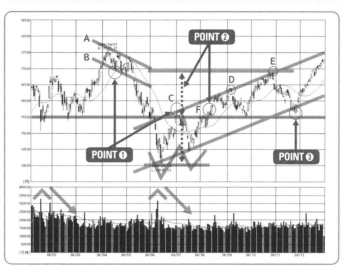

해설

POINT❶ 2개 이상의 점에서 하나의 추세선(A)을 그렸다면, 반대쪽에는 한 점밖에 없어도 평행하게 또 하나의 추세선(B)을 그려보세요. 이것은 상당히 도움이 됩니다. C지점과 D지점의 고가에서 추세선을 그리면 E지점을 예측할 수 있습니다.

POINT❷ F지점에서는 주가가 이중바닥의 목선인 15,500엔의 선을 돌파하고 있습니다. 목선을 돌파하면 이중바닥의 저가와 목선까지의 거리(시세 폭)와 같은 폭까지 주가가 상승한다는 이론이 있습니다. 2006년의 닛케이지수에서는 E지점에서 추세선과도 접하고 있습니다. 그 때문에 이 부근에서 주가가 오르고 있다고 생각할 수 있습니다.

POINT❸ 지지선과 추세선에 이중으로 떠받쳐지고 있어 튼튼한 지지층으로 되어 있습니다. 그 때문에 손절선을 이 지점에 설정해서 주식을 매수하는 것이 가능합니다.

▶ 15,500엔 선은 2006년 1~6월은 지지선, 6~8월은 저항선 또는 이중바닥의 목선으로써 기능해 9월 이후는 지지선이 되어 있습니다.

다음으로 이동평균선과 봉의 포인트에 관해서 설명하겠습니다.

닛케이지수 2006년 1월 5일~2006년 12월 30일

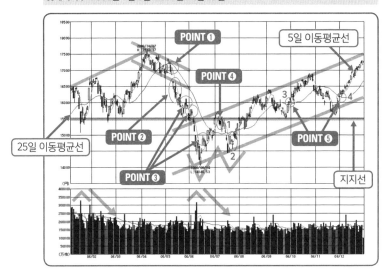

해설

POINT ① 추세선에서 되밀린 데다 2개의 이동평균선이 아래로 향하고 있기에 주의가 필요합니다.

POINT ② 주가가 추세선을 아래로 뚫고 있습니다. 이 경우, 일정 기간은 하락하는 패턴이라는 것을 기억하세요.

POINT ③ 주식이 5일 이동평균선 위에 두 번 왔지만, 이것은 '속임수'입니다. 세 번째에서 겨우 주가가 올라갔습니다. 양봉도 나와 있으므로 급락이 멈췄을 것이라 판단할 수 있습니다.

POINT ④ 1지점에서 주가가 저항선에서 되밀려서 5일 이동평균선을 밑돌고, 게다가 음봉이 나와 있습니다. 즉, 경계해야 할 국면입니다. '15,500엔의 선이 지지선에서 저항선으로 바뀐 것은 아닐까…'라고 생각할 수 있습니다. 또한, 2지점에서는 다시 봉이 5일 이동평균선보다 위에 와서 음봉이 많아졌습니다. 이 2지점을 확인하면서 추세선을 그리면 안전할 것입니다.

POINT ⑤ 3, 4지점은 지지선, 추세선으로 떠받쳐져, 더구나 골든 크로스가 되고 있기 때문에 주식이 오름세에 있다고 판단할 수 있습니다.

Q13 차트상에 추세선을 그려주세요.

닛케이지수 2006년 5월 1일~2007년 12월 14일

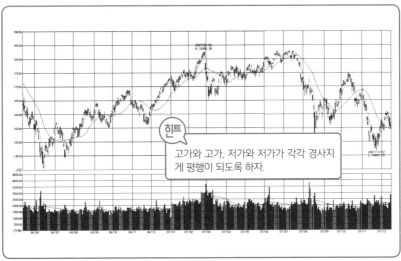

힌트

고가와 고가, 저가와 저가가 각각 경사지게 평행이 되도록 하자.

Q14 거래량의 증가 포인트를 설명해주세요.

닛케이지수 2006년 5월 1일~2007년 12월 14일

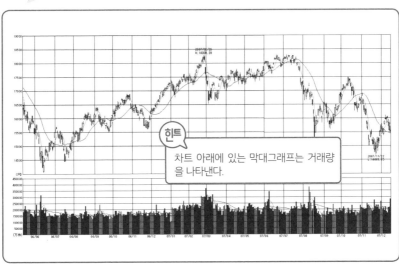

힌트

차트 아래에 있는 막대그래프는 거래량을 나타낸다.

Q15 2006년부터의 지지선·저항선을 염두에 두고 지지선과 저항선을 그려 보세요.

닛케이지수 2006년 5월 1일~2007년 12월 14일

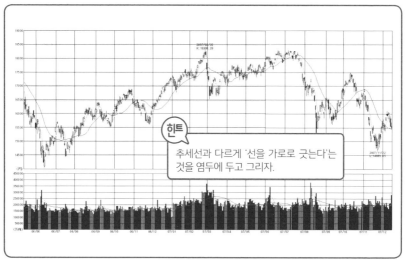

힌트

추세선과 다르게 '선을 가로로 긋는다'는 것을 염두에 두고 그리자.

Q16 Q13~Q15의 해답을 차트에 기입하고, 주목해야 할 포인트를 생각해주세요. 그리고 봉과 이동평균선의 포인트를 생각해주세요.

닛케이지수 2006년 5월 1일~2007년 12월 14일

5일 이동평균선

25일 이동평균선

A13 1, 2지점은 2006년에 화제가 된 지점입니다. 1지점 → 2지점 → 3지점과 연결한 추세선이 3지점 → 4지점으로 가속되었기 때문에 새로운 추세선을 그릴 수 있습니다.

닛케이지수 2006년 5월 1일~2007년 12월 14일

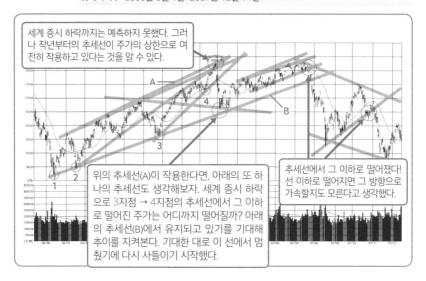

세계 증시 하락까지는 예측하지 못했다. 그러나 작년부터의 추세선이 주가의 상한으로 여전히 작용하고 있다는 것을 알 수 있다.

위의 추세선(A)이 작용한다면, 아래의 또 하나의 추세선도 생각해보자. 세계 증시 하락으로 3지점 → 4지점의 추세선에서 그 이하로 떨어진 주가는 어디까지 떨어질까? 아래의 추세선(B)에서 유지되고 있기를 기대해 추이를 지켜본다. 기대한 대로 이 선에서 멈췄기에 다시 사들이기 시작했다.

추세선에서 그 이하로 떨어졌다! 선 이하로 떨어지면 그 방향으로 가속할지도 모른다고 생각했다.

A14 주가 하락과 함께 거래량이 급증한 후, 조금씩 주가가 상승하는 것을 알 수 있습니다.

닛케이지수 2006년 5월 1일~2007년 12월 14일

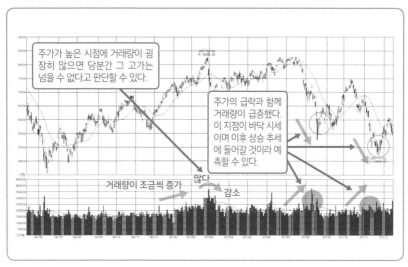

주가가 높은 시점에 거래량이 굉장히 많으면 당분간 그 고가는 넘을 수 없다고 판단할 수 있다.

주가의 급락과 함께 거래량이 급증했다. 이 지점이 바닥 시세이며 이후 상승 추세에 들어갈 것이라 예측할 수 있다.

거래량이 조금씩 증가

많다

감소

18,250엔까지 저항선이 작용하는 것을 알 수 있습니다. 닛케이지수는 20,000엔까지 갈 것이라고 했지만, 이 저항선을 돌파하는 것을 확인한 후에 사는 것이 좋습니다.

닛케이지수 2006년 5월 1일~2007년 12월 14일

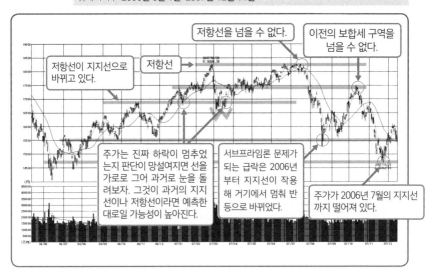

하락하는 주가를 냉정하게 보자 ·······················

1년을 살펴보면, 한 번 정도는 손실이 나오는 달이 있어도 괜찮다고 생각하기에 크게 신경 쓰지 않습니다. 하지만 세계 증시 하락과 같이 점점 하락하는 것을 지켜보면 어떻게 해야 할지 당황스러울 것입니다. 사실 저도 IT 버블 붕괴 때는 공포로 몸이 굳어져 아무것도 할 수 없었습니다.

그 후, 미국의 9·11 테러 때는, '주가는 이런 식으로 움직이는 것인가'라고 어느 정도 냉정하게 볼 수 있게 되어 라이브도어 쇼크 때는 자신을 잃지 않고 대처할 수 있게 되었습니다. 세계 증시가 하락할 때는 어느 정도 대폭락에 익숙해져 있었습니다.

주식으로 100% 수익을 얻을 수만은 없습니다. 대폭락으로 호되게 당하게 되는 것은 어쩔 수 없습니다. 하지만 왜 이런 일이 벌어졌는지 그 원인을 알지 못하면 그 이후의 행동 역시 고칠 수 없습니다. 기본을 잘 살펴서 실패를 반성해나가면 냉정하게 주식을 판단해서 대처할 수 있게 될 것입니다.

먼저, Q13~Q15의 해답을 합쳐서 생각하는 포인트를 설명하겠습니다.

닛케이지수 **2006년 5월 1일~2007년 12월 14일**

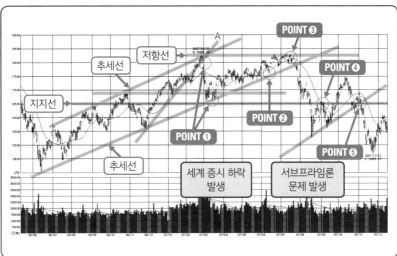

해설

POINT① 추세선(A)에 따라 주가는 상승하고 있다고 생각했는데, 세계 증시 하락의 영향으로 추세선에서 그 이하로 떨어졌습니다.

선 아래로 떨어지면 일정 기간 주가는 그 방향으로 움직이는 관성이 있기에 우선 손절합니다. 그 후 어디에서 하락이 멈추는지가 최대의 관심사였는데, 추세선과 지지선이 그 판단에 도움을 주었습니다. 이 경우 과거의 추세선에서 주가가 하락을 멈추고 더욱이 멈춘 지점에서 가로로 선을 그으면 과거의 지지선이 작용하고 있었다는 것을 알 수 있습니다.

POINT② 결국, 이 상승 추세선이 작용하는 것을 알 수 있습니다. 따라서 추세선 아래로 떨어지지 않는 한 괜찮다고 생각해서 매수할 수 있습니다.

POINT③ 저항선을 넘을 수 없습니다. 그리고 기간이 긴 추세선 이하로 떨어졌을 때, 최대의 위기가 찾아옵니다.

POINT④ 세계 증시 하락 때의 지지선이 저항선과 바뀌게 됩니다.

POINT⑤ 상승 추세가 되었다고 생각했는데, 다시 추세선 아래로 떨어져 주가는 폭락했습니다. 서브프라임론 문제가 근저에 있다고 판단할 수 있습니다.

다음으로 이동평균선과 봉(캔들)의 포인트에 관해서 설명하겠습니다.

닛케이지수 2006년 5월 1일~2007년 12월 14일

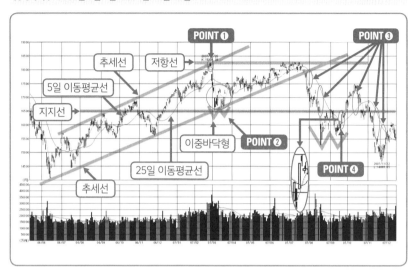

해설

POINT ① 음봉이 추세선 근처에서 발생하고 있으므로 주가가 되밀리는 것을 예측할 수 있습니다.

POINT ② 추세선과 지지선에서 유지되어 이중바닥형을 만들고 있습니다. 더욱이 봉이 5일 이동평균선을 넘고 있어 주가가 반전한다고 판단할 수 있습니다.
2006년의 차트와 비교하면 2007년의 차트는 형태를 해석하기 어렵다는 인상을 줍니다. 이럴 때는 '별로 못 벌 것 같다'고 생각하는 사람도 많을 것입니다. 하지만 차트의 형태가 흐트러져 있는 것은 어쩔 수 없는 것이므로 그다지 고민하지 마세요. 기본에 근거해서 볼 수 있다면, 차츰 제대로 이익을 얻을 수 있을 것입니다.
2007년은 추세선과 저항선의 폭이 점점 좁아집니다. 이런 보합세가 계속되면 에너지가 모이게 되어 어느 한쪽으로 브레이크하면 그 방향으로 크게 주가가 움직일 가능성이 있습니다. 주가는 하락 추세로 들어갔습니다.

POINT ③ 주가가 25일 이동평균선과 크게 거리를 두게 되면 주가가 되밀리는 힘이 작용하는 것에 주목합니다.

POINT ④ 이중바닥형이 되었습니다. 봉이 5일 이동평균선 위에 와서 또 큰 양봉, 많은 거래량이기에 매수 기회라고 판단합니다.

나스닥지수를 보는 방법과 '익절선', '손절선'을 결정하는 법을 익히자

나스닥지수 2006년 1월 5일~2007년 11월 7일

추세선

A

추세선의 브레이크를 체크하자

주식 시장 전체의 움직임을 보여주는 닛케이지수나 TOPIX지수는 일본의 개별 종목의 주가에 영향을 주기 때문에 항상 주목할 필요가 있습니다. 하지만 미국의 주식 지표인 나스닥지수의 움직임을 파악해두는 것도 중요합니다. 일본 주식은 아무래도 미국 주가의 영향을 받기 때문입니다. 앞의 차트는 일본 주식 시장에 강한 영향을 주는 나스닥지수입니다. 이것을 일본의 주가를 예측하는 데 참고하면 효과적일 때가 있습니다. 이 차트를 보면 알 수 있듯이, 2006년 5~6월에 주가가 폭락합니다. 이것에 끌려가는 것처럼 일본의 주가도 급락합니다.

하지만 7월이 되면 주가가 안정되어 보합세 후, A지점에서 추세선을 돌파합니다. 이 차트에서 브레이크아웃의 패턴대로 주가가 상승하는 방향으로 일정 기간 움직입니다. 이것을 염두에 두고 다음 페이지의 Q 17을 생각해보세요.

Q17 6월에 주가가 급락한 기억이 생생합니다. 거기다 장대양봉이 나와 있기에 주식을 사는 것이 두려워집니다. A지점에서 당신이라면 사겠습니까? 또는 좀 더 상황을 두고 보겠습니까?

닛케이지수 2006년 1월 5일~2006년 8월 7일

힌트
- 추세선을 그려보자.
- 어떤 차트 패턴이 보일 것이다. 알아볼 수 있는가?
- 이동평균선에 주목하자.
- 앞에서 소개한 나스닥지수 차트를 떠올려보자.

나스닥 시장이란? ·

전미증권협회(National Association of Securities Automated Quotation)가 운영하는 세계 최대의 벤처 기업용 주식 시장을 말합니다. 마이크로소프트나 인텔, 애플 등의 하이테크 주식이 상장하고 있습니다.

이 경우는 삽니다. POINT ❶~❺를 기초로 해서 다음과 같이 생각해보세요.

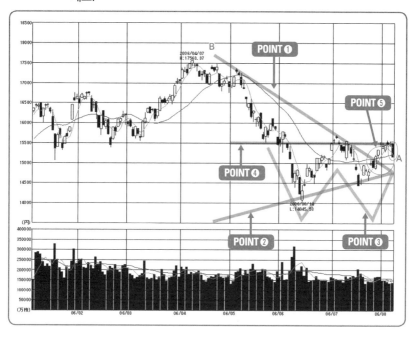

나스닥지수 차트를 따른다!

POINT❶ 고가와 고가를 연결하는 추세선을 긋습니다.

POINT❷ 저가를 확인하고 추세선을 긋습니다.

POINT❸ 이중바닥형을 확인할 수 있습니다.

POINT❹ A지점에서 장대음봉이 나와 있기 때문에 조금 불안하지만, 이중바닥의 목선을 돌파할지도 모른다고 생각할 수 있습니다. 돌파하면 목선이 지지선으로서 작용합니다.

POINT❺ 추세선 B를 돌파하고 있으므로 당분간 상승 추세가 계속될 것이라 예측합니다. 더구나 2개의 이동평균선이 골든 크로스되고 있습니다. 즉, 매수합니다. 상승 추세의 신호가 여러 개 보입니다. 따라서 A지점에서 장대음봉이 나와도 수일에서 수 주간 사이에 거래를 완결시키는 스윙 트레이드에 있어서 주가는 위로 향하고 있다고 생각합니다. 나스닥지수의 브레이크아웃이 그대로 나아가면 기대할 수 있습니다. '숲'을 보고 전체적으로 상승하고 있다고 판단되면 다음은 '나무'인 개별 종목의 '익절선'과 '손절선'을 정하는 법을 익혀보세요.

Q18 지금부터 주가가 오를 것이라 예측할 수 있어도 미리 손절선을 정해두는 것은 필요합니다. A지점에서 어느 지점을 손절선으로 하겠습니까?

신닛테츠(5401) 2006년 1월 4일~2006년 8월 7일

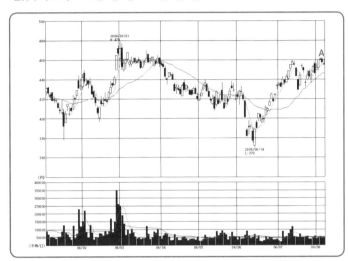

Q19 A지점에서의 익절선과 손절선을 설정해주세요.

쇼센미츠이(9104) 2006년 1월 4일~2006년 8월 7일

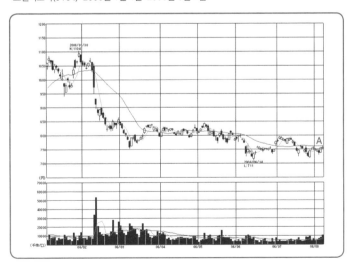

A18 손절선은 처음에 결정합니다. 저는 대체로 직전의 저가로 설정합니다. 참고로 N자형이 나타나 있기에 주가는 상승할 것이라 예측할 수 있습니다.

신닛테츠(5401) 2006년 1월 4일~2006년 8월 7일

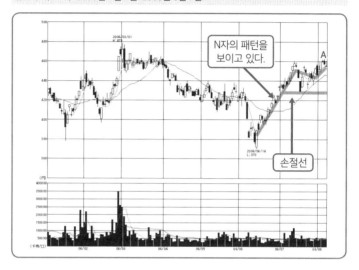

A19 신닛테츠와 마찬가지로 최근의 저가를 손절선으로 합니다. 익절선은 제1 익절선을 최근의 저항선에, 제2 익절선을 과거의 고가에 둡니다.

쇼센미츠이(9104) 2006년 1월 4일~2006년 8월 7일

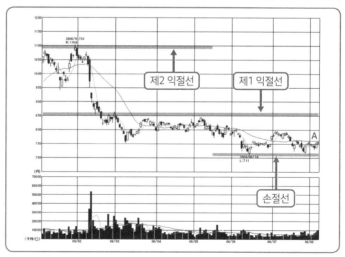

Q20 A지점에서의 익절선과 손절선을 설정해주세요.

미즈호FG(8411) 2006년 1월 4일~2006년 8월 7일

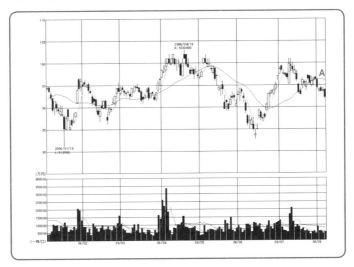

Q21 A지점에서의 익절선과 손절선을 설정해주세요.

소프트뱅크(9984) 2006년 1월 4일~2006년 8월 7일

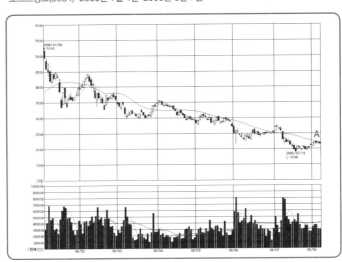

직전의 저가를 손절선으로, 과거의 고가를 익절선으로 합니다.

미즈호FG(8411) 2006년 1월 4일~2006년 8월 7일

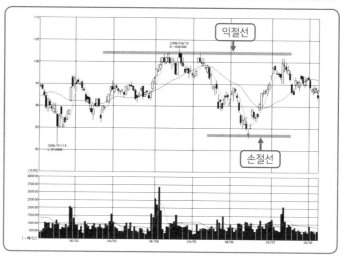

직전의 저가를 손절선으로 합니다. 익절선은 제1 익절선과 제2 익절선을 다음 자료와 같이 설정합니다.

소프트뱅크(9984) 2006년 1월 4일~2006년 8월 7일

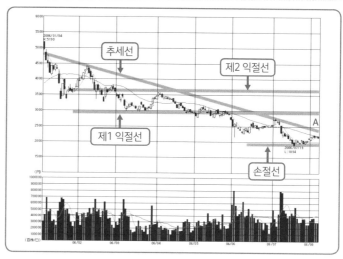

PART
04

차트 패턴별
연습 문제로
실전에 대비하자

차트 패턴
'브레이크아웃'에 관한
연습 문제

브레이크아웃이란 주가가 보합
상태에서 추세선이나 저항선
위로 돌파하는 것을 말합니다.
브레이크아웃하면 주가가
일정 기간 상승하는 패턴이
있기에 매수 신호라고
볼 수 있습니다.

22 보합세의 브레이크아웃을 예측해 A지점에서 매수합니다. B지점 이후에는 어떻게 하겠습니까?

카켄제약(4521) 2006년 8월 1일~2007년 3월 30일

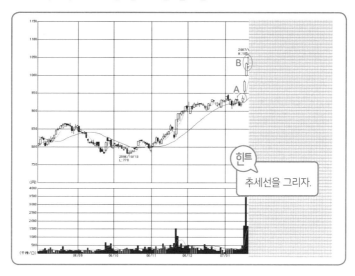

힌트
추세선을 그리자.

23 고가를 연결한 추세선은 점점 내려가고 있는데, 당신이라면 이 종목을 사겠습니까?

이토추(8001) 2006년 4월 3일~2007년 2월 28일

힌트
앞으로의 주가 동향은 기술적 분석을 바탕으로 생각하자.

A22 주가 상승 후, B지점에서 양봉에 윗꼬리가 나와 주가가 되밀리고 있다
는 것을 암시합니다. 당장은 매수하지 말고, 가지고 있는 주식의 절반
정도를 이익 실현하는 것이 무난합니다.

카켄제약(4521) 2006년 8월 1일~2007년 3월 30일

거래량이 많다는 것도 더해서 생각하면 이익
실현을 위한 매도 압력이 강하고 주가는 이 이
상 올라가지 않을 것이라 예측할 수 있다. 주
식을 팔아서 이익을 확정 짓는 것이 좋다.

추세선

보합세의 브레이크아웃

보합세의 브레이크아웃이어도 주가가 금세
돌아오는 경우도 있기 때문에 어디서 이익을
확정할 것인지 살피는 것이 중요하다.

A23 삼각 수렴형의 브레이크아웃입니다. 추세선을 양봉으로 브레이크한 것
을 확인할 수 있으므로 주가는 일정 기간 위로 움직일 것입니다.

이토추(8001) 2006년 4월 3일~2007년 2월 28일

추세선

에너지가 고여 있다.

추세선

두 점의 저가를 연결한 상승 추세선이 점점 가
속화되고 있다. 더욱이 상하 추세선의 범위가
좁혀지고 있어 여기에서 위로 치고 올라가면
상승 추세가 된다.

24 하락 추세에 있는 종목입니다. 앞으로의 주가 동향을 기술적 분석을 토대로 생각해보세요.

닛신채권(8426) 2006년 4월 3일~2007년 2월 28일

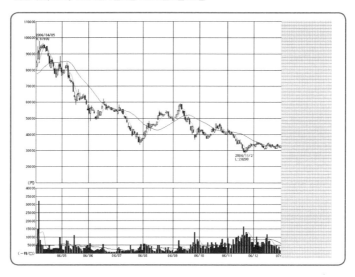

25 당신이라면 이 종목을 사겠습니까? 좀 더 지켜보겠습니까? 산다고 한다면 그 이유를 설명해주세요.

닥터시라보(4924) 2006년 4월 3일~2006년 12월 29일

힌트
저항선과 추세선을 그어보자.

A24 바닥 시세권에서 거래량이 증가한 후, 주가가 추세선을 돌파해 거래량
도 늘고 있습니다. 따라서 주가는 상승한다고 예측할 수 있습니다.

닛신채권(8426) 2006년 4월 3일~2007년 2월 28일

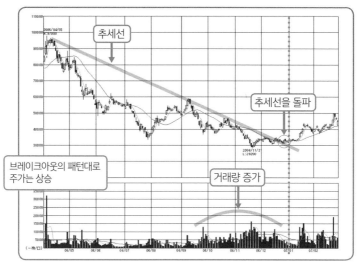

A25 삼각 수렴형 패턴입니다. 위로 가는 경우와 아래로 가는 경우가 있는
데, 이 경우는 저항선을 돌파하고 있으므로 매수합니다.

닥터시라보(4924) 2006년 4월 3일~2006년 12월 29일

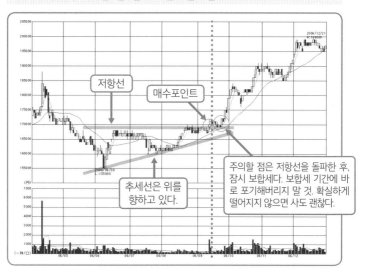

보합 상태가 계속되고 있는 종목인데, 브레이크아웃할 것 같은 차트 패턴입니다. 어떤 동향을 예측할 수 있습니까?

아식스(7936) 2005년 5월 2일~2005년 11월 30일

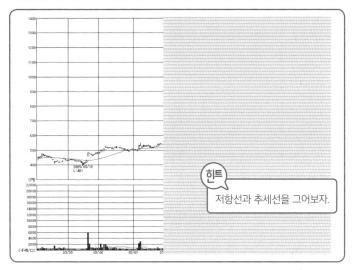

힌트

저항선과 추세선을 그어보자.

삼각 수렴이 되고 있습니다. 주가는 상승할까요?

케네딕스(4321) 2005년 8월 1일~2006년 2월 28일

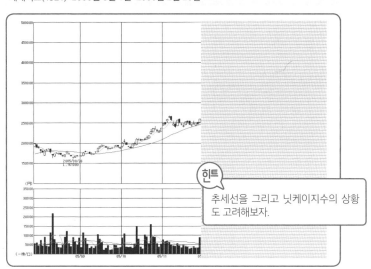

힌트

추세선을 그리고 닛케이지수의 상황도 고려해보자.

보합세 브레이크아웃의 전형적인 패턴입니다. 거래량 증가에 맞추어 저항선과 추세선을 돌파해 주가는 순조롭게 오를 것이라 예측할 수 있습니다.

아식스(7936) 2005년 5월 2일~2005년 11월 30일

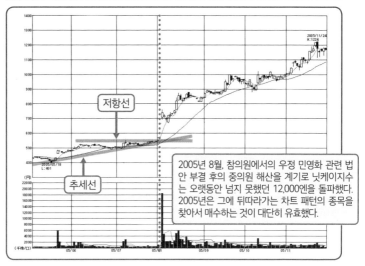

저항선

추세선

2005년 8월, 참의원에서의 우정 민영화 관련 법안 부결 후의 중의원 해산을 계기로 닛케이지수는 오랫동안 넘지 못했던 12,000엔을 돌파했다. 2005년은 그에 뒤따라가는 차트 패턴의 종목을 찾아서 매수하는 것이 대단히 유효했다.

삼각 수렴형의 브레이크아웃 패턴입니다. 닛케이지수도 상승 추세에 있으므로 이 종목도 상승한다고 예측할 수 있습니다.

케네딕스(4321) 2005년 8월 1일~2006년 2월 28일

추세선

28 삼각 수렴형이 되고 있습니다. 당신이라면 어떻게 하겠습니까??

스미토모 금속광산(5713) 2005년 7월 1일~2006년 2월 28일

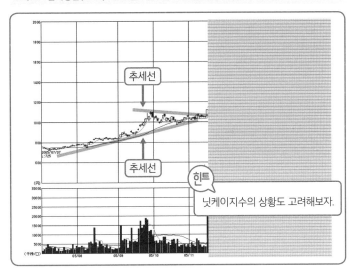

29 계속 보합세 상태인 종목을 당신이 가지고 있다면, 익절선은 어디에 설정하겠습니까?

후루카와덴코(5801) 2005년 5월 2일~2006년 12월 30일

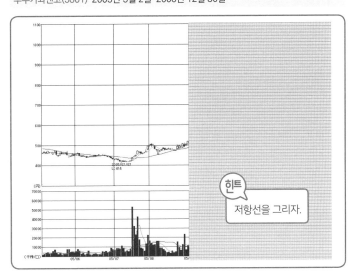

닛케이지수가 상승하고 있기에 이와 같은 큰 종목이 하락하리라고는 생각하기 어렵습니다. 따라서 A지점에서 사전에 매수하는 것을 생각하세요.

스미토모 금속광산(5713) 2005년 7월 1일~2006년 2월 28일

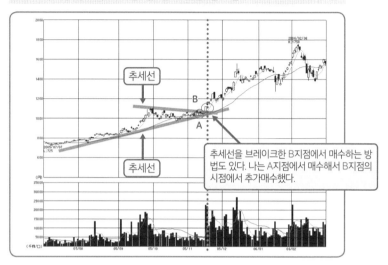

추세선을 브레이크한 B지점에서 매수하는 방법도 있다. 나는 A지점에서 매수해서 B지점의 시점에서 추가매수했다.

 이 종목에서 익절선을 직전의 저가에서 저항선까지의 시세 폭과 같은 간격의 선을 설정하는 것을 추천합니다.

후루카와덴코(5801) 2005년 5월 2일~2006년 12월 30일

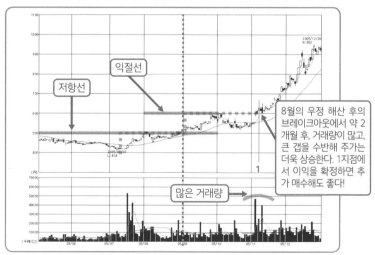

8월의 우정 해산 후의 브레이크아웃에서 약 2개월 후, 거래량이 많고, 큰 갭을 수반해 주가는 더욱 상승한다. 1지점에서 이익을 확정하면 추가 매수해도 좋다!

계속 보합세 상태인 이 종목을 당신이라면 팔겠습니까? 아니면 사겠습니까?

후지쿠라(5803) 2005년 7월 1일~2006년 2월 28일

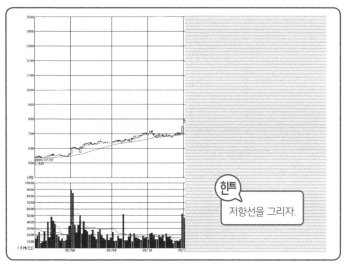

힌트

저항선을 그리자.

계속 보합세 상태인 이 종목을 당신이라면 팔겠습니까? 아니면 사겠습니까?

스미토모 금속공업(5405) 2005년 3월 1일~2005년 10월 31일

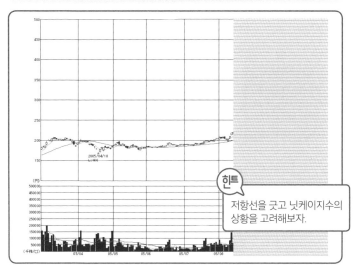

힌트

저항선을 긋고 닛케이지수의 상황을 고려해보자.

장대양봉과 거래량 증가를 확인하면 팔지 않고 추가 매수합니다. 상승 추세가 붕괴되지 않는 한, 계속 가지고 있는 것이 좋습니다.

후지쿠라(5803) 2005년 7월 1일~2006년 2월 28일

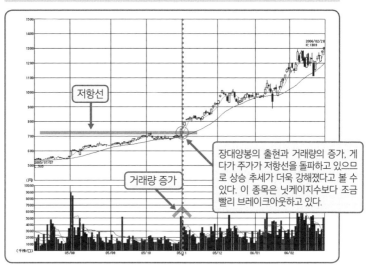

저항선

거래량 증가

장대양봉의 출현과 거래량의 증가, 게다가 주가가 저항선을 돌파하고 있으므로 상승 추세가 더욱 강해졌다고 볼 수 있다. 이 종목은 닛케이지수보다 조금 빨리 브레이크아웃하고 있다.

저항선을 돌파하면 팔지 않고 추가 매수합니다. 닛케이지수 자체가 고가를 갱신해가는 상승장에서는 사지 않을 수가 없습니다.

스미토모 금속공업(5405) 2005년 3월 1일~2005년 10월 31일

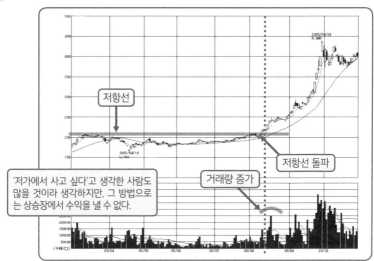

저항선

저항선 돌파

거래량 증가

'저가에서 사고 싶다'고 생각한 사람도 많을 것이라 생각하지만, 그 방법으로는 상승장에서 수익을 낼 수 없다.

Q32 닛케이지수와 마찬가지로 하락 추세를 볼 수 있습니다. 거기다 A지점에 서 지지선 이하로 하락했습니다. 당신이라면 이 종목을 매수하겠습니까?

애드미럴 시스템(2351) 2004년 4월 1일~2005년 1월 31일

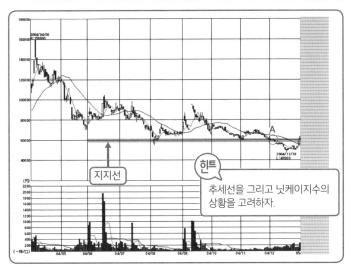

지지선

힌트

추세선을 그리고 닛케이지수의 상황을 고려하자.

Q33 A, B지점에서 주가는 25일 이동평균선을 넘지 못했지만, C지점에서는 25 일 이동평균선 위에서 안정될 듯합니다. 팔겠습니까? 사겠습니까?

타카시마야(8233) 2006년 3월 1일~2006년 10월 31일

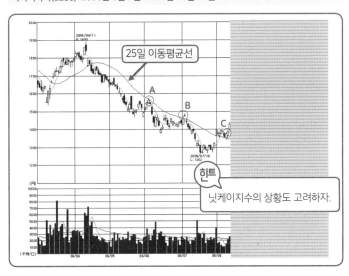

25일 이동평균선

힌트

닛케이지수의 상황도 고려하자.

A32 사겠습니다. 주가가 5일 이동평균선 위에 온 B지점에서 닛케이지수가 하락 추세를 돌파했습니다. 거기에서 주식 상승을 예측할 수 있기 때문입니다.

애드미럴 시스템(2351) 2004년 4월 1일~2005년 1월 31일

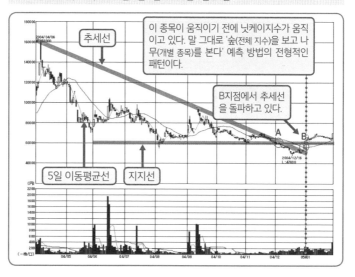

추세선

이 종목이 움직이기 전에 닛케이지수가 움직이고 있다. 말 그대로 '숲(전체 지수)을 보고 나무(개별 종목)를 본다' 예측 방법의 전형적인 패턴이다.

B지점에서 추세선을 돌파하고 있다.

5일 이동평균선

지지선

A33 사겠습니다. A, B지점에서는 주가가 추세선에 되밀려졌지만, C지점에서는 돌파합니다. 매수 압력이 의외로 강하다고 생각됩니다.

타카시마야(8233) 2006년 3월 1일~2006년 10월 31일

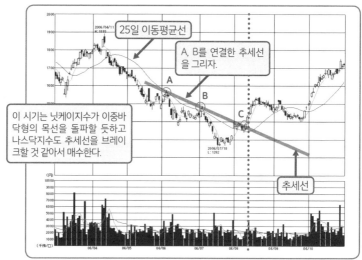

25일 이동평균선

A, B를 연결한 추세선을 그리자.

이 시기는 닛케이지수가 이중바닥형의 목선을 돌파할 듯하고 나스닥지수도 추세선을 브레이크할 것 같아서 매수한다.

추세선

Q34 보합세를 유지하고 있는 이 종목은 앞으로 어떻게 움직일까요?

닌텐도(7974) 2006년 5월 1일~2007년 1월 31일

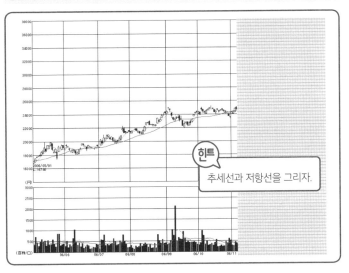

힌트

추세선과 저항선을 그리자.

Q35 2개의 추세선 사이가 점점 좁아지고 있고 에너지가 고이고 있습니다.
매도와 매수, 어느 쪽입니까?

도쿠야마(4043) 2006년 4월 3일~2007년 2월 28일

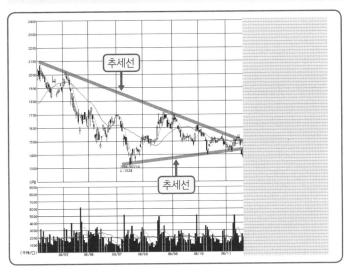

추세선

추세선

저항선과 추세선 사이에 낀 층이 점점 좁아지고 있는 것은 에너지가 고여 있는 상태로, 주가는 오를 것이라 예측할 수 있습니다.

닌텐도(7974) 2006년 5월 1일~2007년 1월 31일

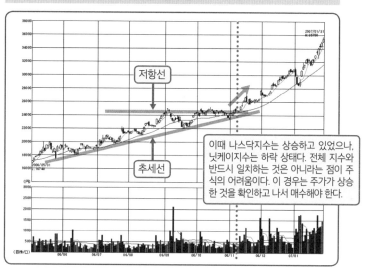

이때 나스닥지수는 상승하고 있었으나, 닛케이지수는 하락 상태다. 전체 지수와 반드시 일치하는 것은 아니라는 점이 주식의 어려움이다. 이 경우는 주가가 상승한 것을 확인하고 나서 매수해야 한다.

결과적으로는 사지만, 이것은 굉장히 헷갈리기 쉬운 '속임'의 예입니다. 개인 투자자의 기술 향상에 동반해서 이런 '속임'도 많아질 것입니다.

도쿠야마(4043) 2006년 4월 3일~2007년 2월 28일

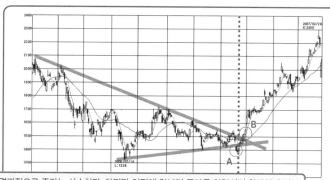

이 경우에 결과적으로 주가는 상승한다. 하지만 이전에 일부러 주가를 하락시켜 착각하게 되는 사람의 매도를 유도하고 있다. 그리고 단숨에 상승 방향으로 움직이게 하는 것이다. 포인트는 주식을 가지고 있는 경우, 우선 추세선 아래로 떨어진 A지점에서 손절할 수 있을지 여부다. '속임'을 상정해서 손절을 하지 않으면 정말로 매도 압력이 강해져 하락할 경우, 매수 가격보다 큰 폭으로 떨어져 갖고 있는 주식이 큰 손실을 입을 위험성이 있다. 문제를 방치하는 습관이 생기면 치명상을 입을 수 있으므로 반드시 손절해야 한다. 그리고 손절한 후에 주가가 위로 올라간 B지점에서 다시 살 수 있을지가 중요하다.

앞으로의 주가 움직임을 기술적 분석 및 닛케이지수의 상황에서 예측해주세요.

라쿠텐(4755) 2004년 6월 1일~2005년 1월 31일

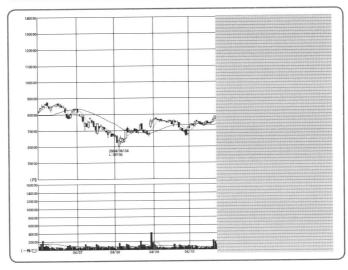

주식이 급등한 후, 보합세가 계속되고 있습니다. 앞으로의 주가의 움직임을 기술적 분석 및 닛케이지수의 상황에서 예측해주세요.

센트럴 스포츠(4801) 2004년 6월 1일~2005년 2월 28일

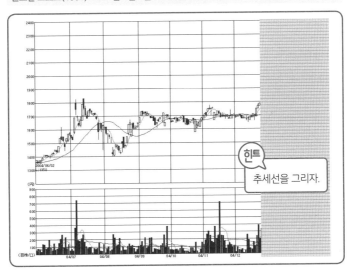

힌트

추세선을 그리자.

2개의 추세선이 삼각 수렴해서 에너지가 고여 있는 상태입니다. 보합세의 브레이크아웃에서 주가는 상승할 것이라 예측합니다.

라쿠텐(4755) 2004년 6월 1일~2005년 1월 31일

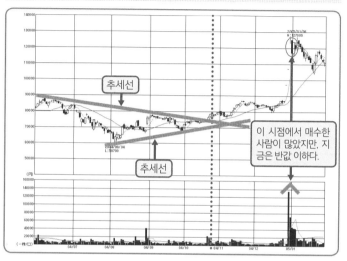

추세선

추세선

이 시점에서 매수한 사람이 많았지만, 지금은 반값 이하다.

급등 후 고가에서 보합세 브레이크아웃 패턴으로, 앞으로도 상승할 것이라 예측할 수 있습니다. 한 번 주가가 상승해서 보합세, 다시 상승할 패턴입니다.

센트럴 스포츠(4801) 2004년 6월 1일~2005년 2월 28일

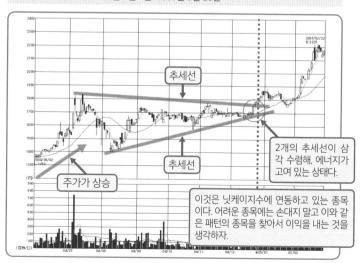

추세선

추세선

주가가 상승

2개의 추세선이 삼각 수렴해. 에너지가 고여 있는 상태다.

이것은 닛케이지수에 연동하고 있는 종목이다. 어려운 종목에는 손대지 말고 이와 같은 패턴의 종목을 찾아서 이익을 내는 것을 생각하자.

주가가 급등한 후, 보합세가 계속되고 있습니다. 향후 주가의 움직임을 기술적 분석을 바탕으로 예측해주세요.

오사카 티타늄(5726) 2004년 4월 1일~2004년 11월 30일

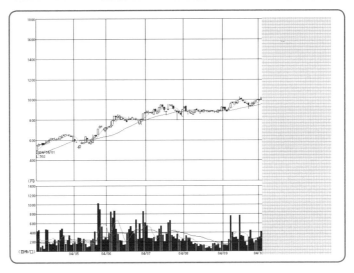

하락 추세에 있던 차트 패턴인데, 차츰 상승하기 시작했습니다. 이 종목을 사겠습니까? 아니면 좀 더 지켜보겠습니까?

미츠비시 UFJ니코스(8583) 2004년 6월 1일~2004년 12월 30일

힌트

추세선과 저항선을 그리고 닛케이지수의 상황도 고려해보자.

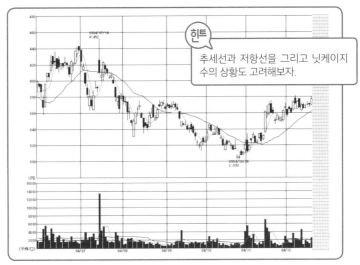

Q 37과 마찬가지로 급등 후 고가 보합세 상태에서 브레이크아웃 패턴으로 앞으로도 상승할 것이라 예측할 수 있습니다. 여기에서 조심해야 하는 것은 닛케이지수와 연동하고 있지 않다는 점입니다.

오사카 티타늄(5726) 2004년 4월 1일~2004년 11월 30일

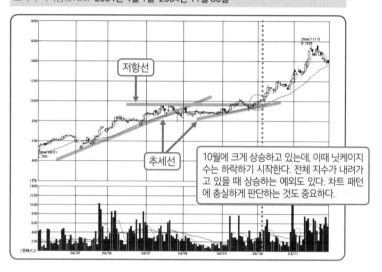

> 10월에 크게 상승하고 있는데, 이때 닛케이지수는 하락하기 시작한다. 전체 지수가 내려가고 있을 때 상승하는 예외도 있다. 차트 패턴에 충실하게 판단하는 것도 중요하다.

매수합니다. A지점에서 강력한 장대양봉이 하락 추세를 돌파하고 있기에 주가 상승이 예상됩니다.

미츠비시 UFJ니코스(8583) 2004년 6월 1일~2004년 12월 30일

> B지점에서 주가가 저항선을 위로 빠질 듯이 되어 있다. 또, 새롭게 그릴 수 있는 추세선에 의해서 주가가 유지되고 있으며, 닛케이지수도 조금씩 상승하고 있기 때문에 매수 기회다.

Q40 다음과 같은 차트 패턴을 그리고 있는 종목이 있습니다. 앞으로 주가는 상승할 것이라 생각합니까? 아니면 하락할 것이라 생각합니까?

카고메(2811) 2004년 3월 1일~2004년 10월 29일

Q41 주가가 급등 후, 많은 거래량, 장대음봉으로 한 번 상승이 끝난 것처럼 보이지만, 거기에서부터 보합세가 계속되고 있습니다. 당신이라면 매도하겠습니까? 아니면 매수하겠습니까?

타이헤이 공업(1819) 2004년 5월 6일~2004년 12월 30일

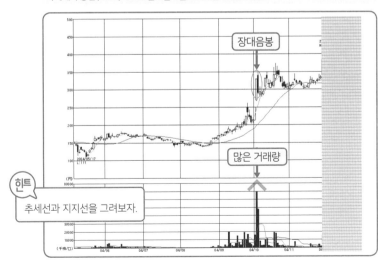

힌트
추세선과 지지선을 그려보자.

A40 보합 후 브레이크아웃 패턴이기 때문에 주가는 상승할 것이라 예측합니다.

카고메(2811) 2004년 3월 1일~2004년 10월 29일

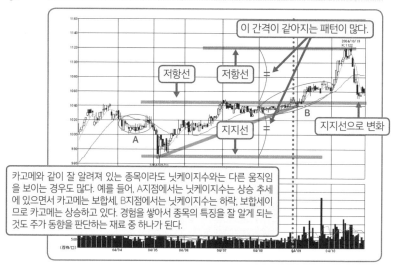

이 간격이 같아지는 패턴이 많다.

저항선 / 저항선 / =

지지선 / =

A / B

지지선으로 변화

카고메와 같이 잘 알려져 있는 종목이라도 닛케이지수와는 다른 움직임을 보이는 경우도 많다. 예를 들어, A지점에서는 닛케이지수는 상승 추세에 있으면서 카고메는 보합세, B지점에서는 닛케이지수는 하락, 보합세이므로 카고메는 상승하고 있다. 경험을 쌓아서 종목의 특징을 잘 알게 되는 것도 주가 동향을 판단하는 재료 중 하나가 된다.

A41 이것은 고가 상태에서 보합 후 브레이크아웃 패턴으로 매수합니다. 한번 상승이 끝난 것처럼 보이지만 주가가 추가상승하는 경우도 있습니다.

타이헤이 공업(1819) 2004년 5월 6일~2004년 12월 30일

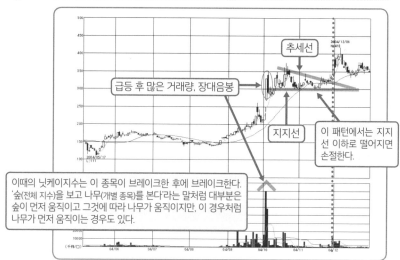

추세선

급등 후 많은 거래량, 장대음봉

지지선

이 패턴에서는 지지선 이하로 떨어지면 손절한다.

이때의 닛케이지수는 이 종목이 브레이크한 후에 브레이크한다. '숲(전체 지수)을 보고 나무(개별 종목)를 본다'라는 말처럼 대부분은 숲이 먼저 움직이고 그것에 따라 나무가 움직이지만, 이 경우처럼 나무가 먼저 움직이는 경우도 있다.

닛케이지수는 상승 추세인데, 이 종목은 보합세가 계속되고 있습니다. 기술적 분석 등을 토대로 앞으로의 움직임을 예측해주세요.

토시바(6502) 2005년 6월 1일~2006년 1월 31일

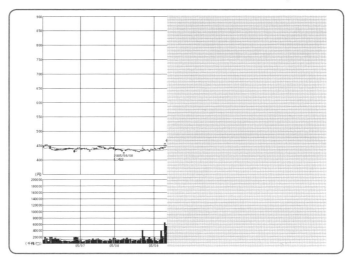

이 종목도 상승입니다. 닛케이지수와 연동해서 대부분의 종목이 상승하고 있는 중에 토시바와 같은 주력 종목이라면 언젠가 매수 시기가 올 것이라 예측합니다.

토시바(6502) 2005년 6월 1일~2006년 1월 31일

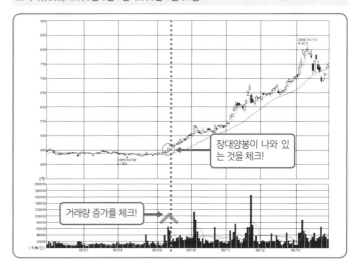

차트 패턴
'브레이크다운'에 관한
연습 문제

'브레이크다운'이란,
'브레이크아웃'과는 반대로
주가가 보합세 상태에서
추세선이나 지지선 이하로
떨어지는 것을 말합니다.
브레이크다운하면 당분간
주가가 하락하는 패턴이 있기
때문에 브레이크다운하면 매도
신호로 생각하면 됩니다.

43 당신이라면 이 종목을 사겠습니까? 앞으로의 주가의 움직임을 기술적 분석으로 예측해주세요.

도요타 자동차(7203) 2004년 1월 5일~2004년 12월 30일

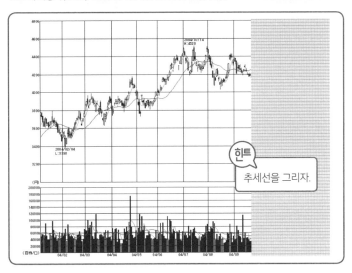

힌트

추세선을 그리자.

44 상승 추세라는 것을 알 수 있습니다. 당신이라면 이 종목을 사겠습니까?

닛키(1963) 2004년 5월 6일~2004년 12월 30일

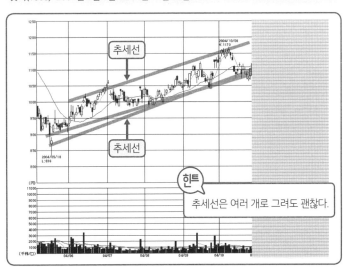

추세선

추세선

힌트

추세선은 여러 개로 그려도 괜찮다.

A43 A지점에서 추세선 이하로 떨어져 있습니다. 브레이크다운의 패턴에 의해 당분간은 주가가 하향하기 쉬우므로 사면 안 됩니다.

도요타 자동차(7203) 2004년 1월 5일~2004년 12월 30일

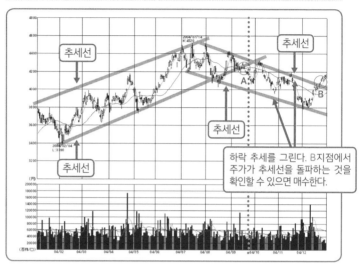

하락 추세를 그린다. B지점에서 주가가 추세선을 돌파하는 것을 확인할 수 있으면 매수한다.

A44 추세선을 브레이크하면 그 방향으로 일정 기간 움직이는 패턴이 있는데, 이 종목은 추세선 이하로 떨어져 있습니다. 매수하는 것은 위험합니다.

닛키(1963) 2004년 5월 6일~2004년 12월 30일

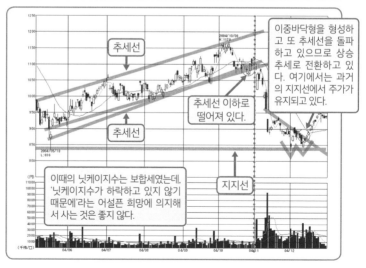

이중바닥형을 형성하고 또 추세선을 돌파하고 있으므로 상승 추세로 전환하고 있다. 여기에서는 과거의 지지선에서 주가가 유지되고 있다.

추세선 이하로 떨어져 있다.

이때의 닛케이지수는 보합세였는데, '닛케이지수가 하락하고 있지 않기 때문에'라는 어설픈 희망에 의지해서 사는 것은 좋지 않다.

지지선

45 이중바닥형을 형성했기 때문에 상승할 것이라 예측했는데 보합세입니다. 추세선과 지지선이 수렴하고 있지만, 앞으로 어떻게 움직일까요?

NEC 필딩(2322) 2004년 4월 1일~2004년 10월 29일

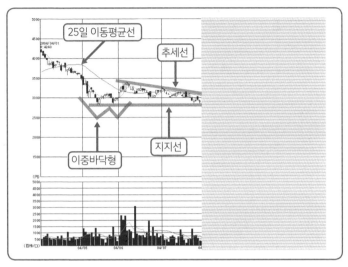

46 보합 후 브레이크아웃도 예측할 수 있지만, 당신이라면 이럴 경우 매수 하시겠습니까?

아리아케재팬(2815) 2004년 5월 6일~2004년 12월 30일

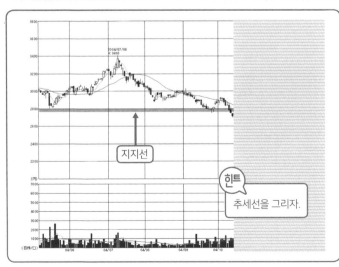

보합세 브레이크다운의 패턴에서 주가가 25일 이동평균선을 밑돈 시점에서 주가도 하락할 것이라 예측할 수 있습니다.

NEC 필딩(2322) 2004년 4월 1일~2004년 10월 29일

25일 이동평균선

추세선

이동평균선은 2개 다 하향

5일 이동평균선

저항선

만약 이와 같은 차트의 종목을 매수해서 A지점에서 손실을 예상할 수 있는 경우에는 손절해야 한다.

닛케이지수가 올라갔을 때는 하락 경향이, 닛케이지수가 내려갔을 때는 완전히 하락하는 것으로 어찌할 도리가 없는 패턴이다.

현 시점에서는 주가가 지지선 이하로 하락하고 있습니다. 한번 하락하면 이번에는 지지선이 저항선으로 될 가능성이 있기에 매수하지 않는 것이 좋을 것입니다.

아리아케재팬(2815) 2004년 5월 6일~2004년 12월 30일

추세선

하락 추세가 작용하고 있다.

지지선

지지선

추세선으로 되밀려진 후에 다시 지지선 아래로 떨어지고 있다.

아랫꼬리, 많은 거래량으로 주가 반전의 기대를 갖게 하면서 더욱 하락했다. 12월에 닛케이지수의 상승에 겨우 반응해 이 종목도 상승하기 시작했다.

닛케이지수에 연동하던 종목입니다. 닛케이지수는 보합세 후 상승하고 있었는데, 이 종목은 상승하지 않고 오히려 하락 추세에 있는 것 같습니다. 이것을 매수하겠습니까?

Fonfun(2323) 2004년 4월 1일~2004년 12월 30일

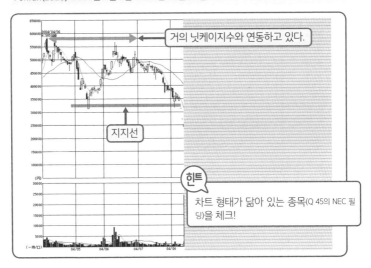

거의 닛케이지수와 연동하고 있다.

지지선

힌트

차트 형태가 닮아 있는 종목(Q 45의 NEC 필딩)을 체크!

보합세가 계속되고 있는 이 종목이 앞으로 어떤 식으로 움직일 거라 생각하나요?

골드윈(8111) 2006년 6월 1일~2007년 1월 31일

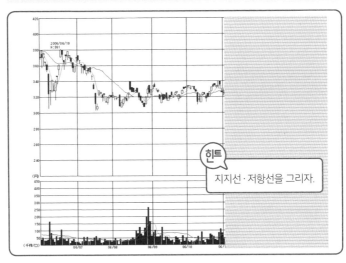

힌트

지지선·저항선을 그리자.

A47 사면 안 됩니다. 주가가 지지선에서 유지되고 있는 것처럼 보이는 A지점에서, 차트가 닮아 있는 NEC 필딩이 급락한 것을 눈치챈 사람도 있을 것입니다.

Fonfun(2323) 2004년 4월 1일~2004년 12월 30일

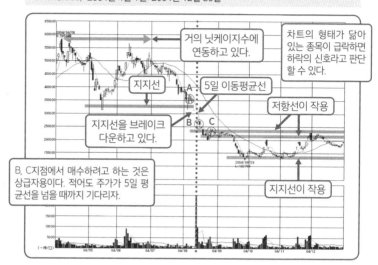

거의 닛케이지수에 연동하고 있다.

차트의 형태가 닮아 있는 종목이 급락하면 하락의 신호라고 판단할 수 있다.

지지선

5일 이동평균선

저항선이 작용

지지선을 브레이크 다운하고 있다.

B, C지점에서 매수하려고 하는 것은 상급자용이다. 적어도 주가가 5일 평균선을 넘을 때까지 기다리자.

지지선이 작용

A48 저항선을 돌파하는 것도 기대할 수 있지만, 주가가 5일 및 25일 이동평균선을 하향하고 있으므로 주가 하락을 예측할 수 있습니다.

골드윈(8111) 2006년 6월 1일~2007년 1월 31일

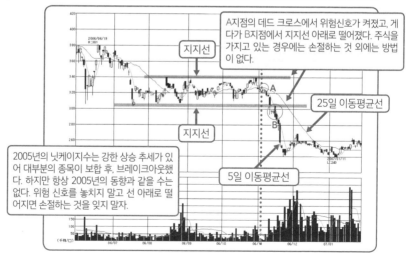

A지점의 데드 크로스에서 위험신호가 켜졌고, 게다가 B지점에서 지지선 아래로 떨어졌다. 주식을 가지고 있는 경우에는 손절하는 것 외에는 방법이 없다.

지지선

25일 이동평균선

지지선

2005년의 닛케이지수는 강한 상승 추세가 있어 대부분의 종목이 보합 후, 브레이크아웃했다. 하지만 항상 2005년의 동향과 같을 수는 없다. 위험 신호를 놓치지 말고 선 아래로 떨어지면 손절하는 것을 잊지 말자.

5일 이동평균선

'브레이크다운'을 어떻게 생각하면 좋을까요?

- '브레이크아웃' – 고가 갱신, 저항선 돌파
- '브레이크다운' – 저가 갱신, 지지선에서 이하로 떨어지는 것

이것은 이미 앞에서 이야기한 대로입니다. '브레이크다운'은 '최후의 빠져나갈 타이밍'이라 생각하면 됩니다.

예를 들면, 일봉 차트를 생각해보세요. 5일, 25일 이동평균선이 하향해서 봉(캔들)이 양봉보다도 음봉이 많은 상태를 생각해봅니다. 이것은 매수 압력의 증가를 암시하고 있습니다.

이 종목을 가지고 있는 경우, 모처럼 주가의 상승으로 이익 가능성이 감소해가는 상태로, 불안할 것입니다. 많은 사람들이 매각해서 이익을 확정하고 싶다는 마음이 강하게 들 것입니다. 그런 상태에서 주가가 지지선까지 하락했습니다. 지지선이란, 과거에 몇 번인가 주가가 되밀려진 가격대이므로 눌림목 매수가 쉽다고 할 수 있습니다. 하지만 시장 참가자가 팔고 싶다는 기분이 점점 강해지면 눌림목 매수의 힘보다 이익 확정이나 손절, 공매도 등의 매도 압력이 강해져 지지선 이하로 떨어져 저가를 갱신합니다. 이것이 바로 '브레이크다운'입니다.

이렇게 되면, 단기간에 주가가 회복되는 경우도 있지만, 떨어진 지지선이 이번에는 저항선이 되어 주가가 조금씩 돌아와도 매도 압력에서 바로 내려가게 되어 다운 추세가 가속되는 경우도 많습니다.

저도 주식 초보일 때는 몇 번이나 이런 브레이크다운일 때 손절하지 않고 손실을 크게 만든 적이 있습니다. 하지만 지금은 빠져나갈 수 있게 되었습니다. 그것이 '최후의 빠져나갈 타이밍'이라는 것을 알게 되었기 때문입니다.

차트 패턴
'지지선·저항선'에 관한 연습 문제

'지지선'은 주가가 과거에 몇 번인가 반발하고 있는 선(거기에서 저가가 일단락되고 있다), '저항선'은 반대로 과거에 반락하고 있는 선(거기에서 고가가 일단락되고 있다)을 가리킵니다.
다 주가가 반전하는 포인트이기 때문에 동향을 예측하기 위한 실마리가 됩니다. 추세선과 같이 비스듬하게 보조선을 긋는 것뿐만 아니라 가로로 그리는 지지선·저항선을 잊지 말아 주세요.

주가가 보합세에서 급등했습니다. 이대로 상승할 것이라 생각하나요?
기술적 분석을 바탕으로 판단해주세요.

이비덴(4062) 2006년 9월 1일~2007년 5월 31일

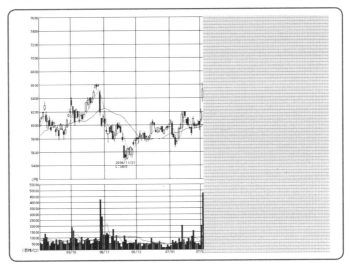

움직임이 격심한 IPO주입니다. 급등하고 있는 것을 보면 '늦게 올라타면
안 된다'라고 생각해 사고 싶어지는데, 당신이라면 어떻게 하겠습니까?

클러스터 테크놀로지(4240) 2006년 4월 12일~2006년 10월 31일

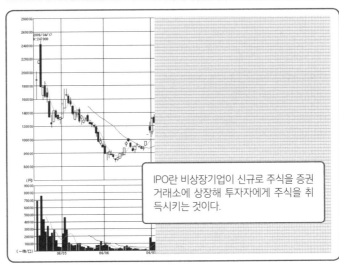

IPO란 비상장기업이 신규로 주식을 증권
거래소에 상장해 투자자에게 주식을 취
득시키는 것이다.

이 경우에는 직전 고가를 토대로 그은 저항선이 살아 있으며, 거기에서 주가는 되밀려졌습니다.

이비덴(4062) 2006년 9월 1일~2007년 5월 31일

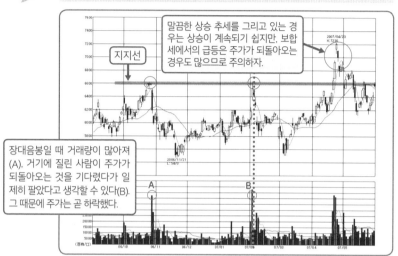

거래량이 상대적으로 많은 곳에 지지선을 그릴 수 있습니다. 즉, 여기에서 이 종목을 산 사람이 굉장히 많아 주가가 하락해 올 때까지 가지고 있는 상태입니다. 따라서 손을 대서는 안 됩니다.

클러스터 테크놀로지(4240) 2006년 4월 12일~2006년 10월 31일

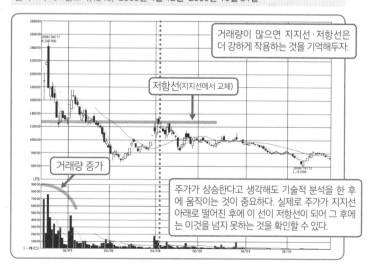

주가가 A지점과 B지점을 연결한 추세선에서 유지되고 있는 것을 알 수 있습니다. 앞으로의 주가 움직임을 예측해주세요.

토요타 자동차(7203) 2006년 6월 1일~2007년 2월 28일

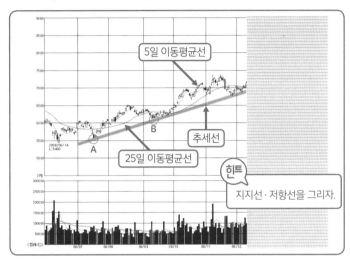

N자의 차트 패턴을 상정하고 있었지만, 데드 크로스가 나타납니다. 그 후, 주가가 다시 양봉에서 5일 이동평균선을 웃돌았습니다. 여기에서 매수하겠습니까?

쇼센 미쯔이(9104) 2006년 4월 3일~2006년 12월 30일

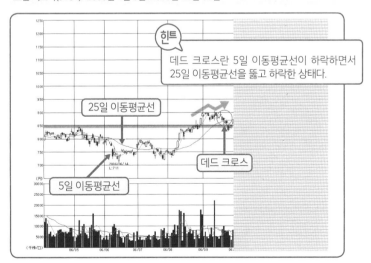

A51 골든 크로스도 출연하고 있기에 오를 것이라 예측합니다. 주가가 저항선을 돌파했기 때문에 지지선으로 교체, 주가의 하락을 되밀고 있다는 것을 알 수 있습니다.

토요타 자동차(7203) 2006년 6월 1일~2007년 2월 28일

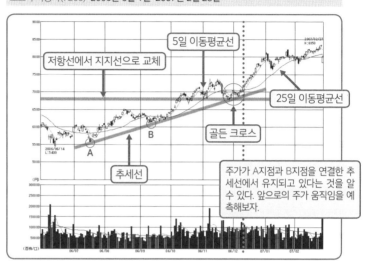

A52 매수합니다. 주가가 저항선을 돌파함으로써 지지선으로 교체되었습니다. 이 라인에서 주가가 유지되고 있다는 것을 확인할 수 있습니다.

쇼센 미쯔이(9104) 2006년 4월 3일~2006년 12월 30일

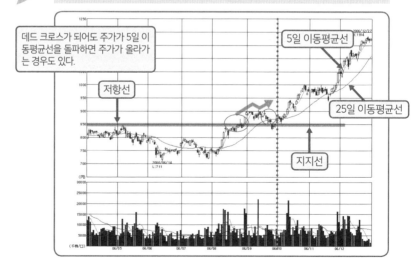

Q '저항선 · 지지선'을 보는 요령을 가르쳐주세요.

A 여러분은 경제 뉴스 방송 등에서 '주가가 돌아오기를 기다렸다가 판다'라는 말을 들어본 적이 있을 것입니다. 이것은 저항선이라고 바꿔 말할 수 있습니다. 주가가 일정 기간 어떤 가격대에 머물다가 하락으로 바뀐 경우, 그 가격대에서 산 투자자는 모두 손실이 생길 가능성이 있는 주식을 안고 있는 셈이 됩니다.

예를 들어, 닛케이지수의 주봉 차트를 봐주십시오. 제가 이 원고를 쓰고 있는 2008년 2월 상순경, 닛케이지수는 약 1,300~1,400엔의 범위를 왔다 갔다 하고 있습니다. 이 주가 수준은 2005년 11월 이래 싼 수준입니다.

극단적인 이야기를 하자면, 닛케이지수 연동형 펀드를 2005년 11월부터 2008년 11월까지의 약 2년 3개월의 기간 내 구입한 모든 투자자분들은 손실 발생 주식을 안고 있다는 것이 됩니다. 손실을 보기 위해서 주식을 하는 개인 투자자는 없을 것입니다. 이처럼 손실을 보기 싫은 마음에서 손절을 좀처럼 하지 못하는 것이 사람의 본능입니다. 손실 발생 주식을 가지고 있는 불쾌한 기분을 맛보면 투자자는 주가가 회복하면 손익 제로라도 좋으니 일단 매각해서 현금으로 돌려 탈출하고 싶다고 생각할 것입니다. 이 심리의 집합체가 거대한 매도 압력, 즉 저항선이 됩니다(매수의 경우는 그 반대로 생각할 수 있습니다).

이처럼 저항선을 긋는 것으로 주가가 돌아오기를 기다렸다가 파는 것이 많이 나올 것이라고 추정되는 주가 수준, 즉 주가가 올라도 강력한 매도가 들어올 것이 예상되는 주가 수준 = '저항선'이나 주가가 일시적으로 내려갔을 때 매수하는 주식이 많이 나올 것이라 추정되는 주가 수준, 즉 주가가 내려가도 강력한 매수가 들어올 것이라 예상되는 주가 수준 = '지지선'이라는 목표를 설정하기 쉽습니다.

차트 패턴
'거래량'에 관한
연습 문제

'거래량'은 시장의 에너지를
말합니다.
특히, 거래량이 급증하면
주목해야 합니다.
저가권에서 거래량이 급증하면
매수 신호(앞으로 주가가 상승할
가능성이 있다), 고가권에서 거래량이
급증하면 매도 신호(앞으로 주가가
하락할 가능성이 있다)라고
판단할 수 있습니다.

53 앞으로의 주식의 움직임을 기술적 분석 및 닛케이지수나 미국의 상황을 통해 예측해주세요.

태평양 금속(5541) 2006년 4월 3일~2006년 11월 30일

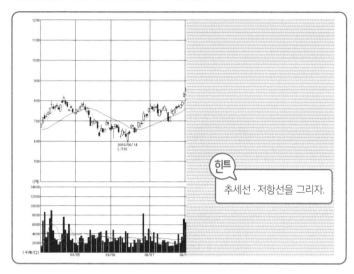

힌트

추세선 · 저항선을 그리자.

54 계속 하락하고 있는 주가가 상승할 것 같습니다. 당신은 지금 사겠습니까? 아니면 상황을 지켜보겠습니까?

클린업(7955) 2004년 7월 1일~2005년 2월 28일

25일 이동평균선

힌트

주가와 거래량에 주목하자.

거래량의 증가와 함께 저항선을 돌파하고 있습니다. 이 시기는 닛케이 지수도, 미국 상황도 순조롭기 때문에 여기에서부터 상승할 것이라 판단할 수 있습니다.

태평양 금속(5541) 2006년 4월 3일~2006년 11월 30일

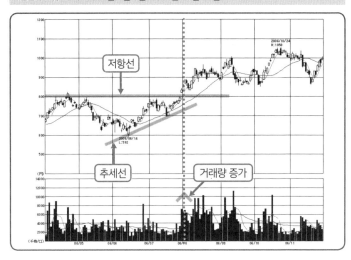

바닥 시세권에서 거래량이 급증하고 있으므로 매수 신호입니다. 다만, 바로 뛰어들지 말고 A지점과 같이 상승 추세를 강력하게 나타내는 신호를 하나 더 찾아보세요.

클린업(7955) 2004년 7월 1일~2005년 2월 28일

55

저가권에서 거래량이 증가하고 있습니다. 당신이라면 사겠습니까?

에이벡스 HD(7860) 2006년 4월 3일~2007년 3월 30일

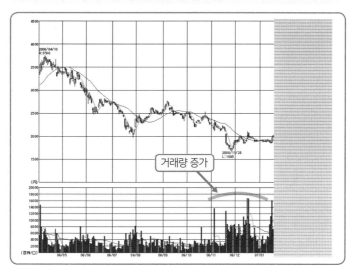

거래량 증가

A55

바닥권에서 거래량이 증가하고 있는 데다 A지점에서 추세선을 돌파했습니다. 그런데 상승은 한순간이고, C지점 이후에는 하락하고 있습니다.

에이벡스 HD(7860) 2006년 4월 3일~2007년 3월 30일

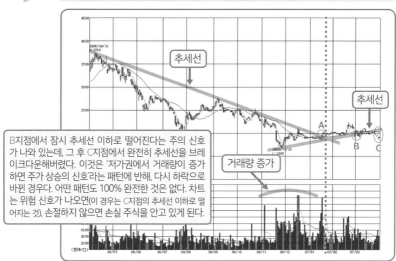

추세선

추세선

B지점에서 잠시 추세선 이하로 떨어진다는 주의 신호가 나와 있는데, 그 후 C지점에서 완전히 추세선을 브레이크다운해버렸다. 이것은 '저가권에서 거래량이 증가하면 주가 상승의 신호'라는 패턴에 반해, 다시 하락으로 바뀐 경우다. 어떤 패턴도 100% 완전한 것은 없다. 차트는 위험 신호가 나오면(이 경우는 C지점의 추세선 이하로 떨어지는 것), 손절하지 않으면 손실 주식을 안고 있게 된다.

거래량 증가

차트 패턴
'봉(캔들)'에 관한
연습 문제

봉은 주식의 하루 움직임을
나타낸 것입니다.
주목해야 할 장대양봉이란,
매수 주문이 끊이지 않고 들어와
강한 상승 에너지를 가지고 있는
것입니다. 저가권에서 장대양봉이
나오면 상승 추세가 될 가능성이
높아집니다.
경계해야 할 장대음봉은 매도
주문이 끊이지 않고 들어와
강한 하락 에너지를 가지고 있는
것입니다. 고가권에서 장대음봉이
나오면 하락 추세가 될 가능성이
높아집니다.

A지점에서 갭이 생긴 주가는 반전해서 상승합니다. B지점에서도 갭이
생겼지만, 앞으로 주가는 어떻게 움직일까요?

도쿄돔(9681) 2006년 7월 3일~2007년 1월 31일

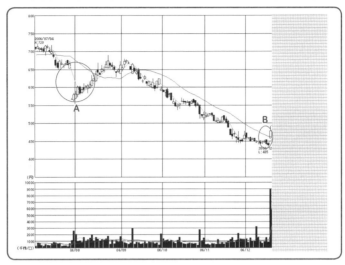

많은 거래량의 차트 패턴입니다. 앞으로 주가는 어떻게 움직일지 예측
해주십시오.

닛코 코디얼 그룹(8603) 2006년 8월 1일~2007년 2월 28일 (* 2008년 1월 23일 상장폐지)

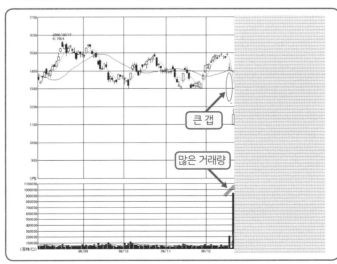

주가가 위로 갭이 생겼을 때, 거래량도 증가하고 있기에 위에 생긴 갭과 같은 방향, 즉 주가는 상승한다고 예측할 수 있습니다.

도쿄돔(9681) 2006년 7월 3일~2007년 1월 31일

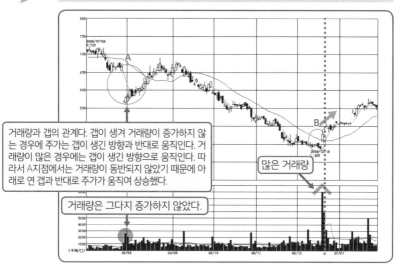

거래량과 갭의 관계. 갭이 생겨 거래량이 증가하지 않는 경우에 주가는 갭이 생긴 방향과 반대로 움직인다. 거래량이 많은 경우에는 갭이 생긴 방향으로 움직인다. 따라서 A지점에서는 거래량이 동반되지 않았기 때문에 아래로 연 갭과 반대로 주가가 움직여 상승했다.

거래량은 그다지 증가하지 않았다.

많은 거래량

많은 거래량을 동반한 큰 갭은 갭이 생긴 방향으로 주가가 움직인다는 패턴이 있는데, 이것은 예외로 갭이 생긴 방향과 반대로 움직였다.

닛코 코디얼 그룹(8603) 2006년 8월 1일~2007년 2월 28일 (* 2008년 1월 23일 상장폐지)

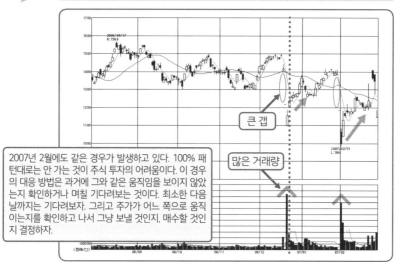

2007년 2월에도 같은 경우가 발생하고 있다. 100% 패턴대로는 안 가는 것이 주식 투자의 어려움이다. 이 경우의 대응 방법은 과거에 그와 같은 움직임을 보이지 않았는지 확인하거나 며칠 기다려보는 것이다. 최소한 다음 날까지는 기다려보자. 그리고 주가가 어느 쪽으로 움직이는지를 확인하고 나서 그냥 보낼 것인지, 매수할 것인지 결정하자.

큰 갭

많은 거래량

Q58 닛케이지수가 상승 추세에 있지만, 종목은 오르기는커녕 오히려 하락할 분위기입니다. 앞으로의 움직임을 기술적 분석 등을 바탕으로 예측해주세요.

시바우라 메카트로닉(6590) 2005년 7월 1일~2006년 1월 31일

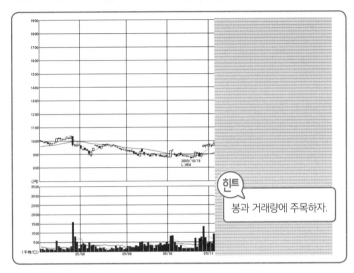

힌트
봉과 거래량에 주목하자.

Q59 거래량이 급증했습니다. 봉(캔들)은 음봉인데, 당신이라면 이 시점에서 사겠습니까?

코마츠 제작소(6301) 2005년 6월 1일~2005년 11월 30일

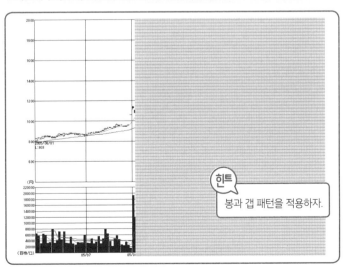

힌트
봉과 갭 패턴을 적용하자.

큰 갭과 많은 거래량에서 갭이 생긴 방향으로 주가가 움직인다고 예측할
수 있습니다.

시바우라 메카트로닉(6590) 2005년 7월 1일~2006년 1월 31일

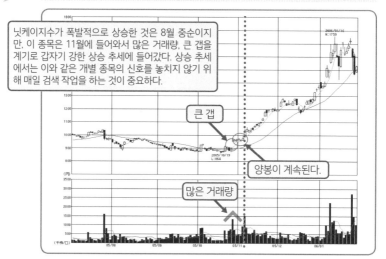

닛케이지수가 폭발적으로 상승한 것은 8월 중순이지
만, 이 종목은 11월에 들어와서 많은 거래량, 큰 갭을
계기로 갑자기 강한 상승 추세에 들어갔다. 상승 추세
에서는 이와 같은 개별 종목의 신호를 놓치지 않기 위
해 매일 검색 작업을 하는 것이 중요하다.

큰 갭

양봉이 계속된다.

많은 거래량

음봉이 나와 있는데, 많은 거래량과 큰 갭에 의해서 위를 향할 것이라
판단할 수 있습니다. 닛케이지수도 상승 추세에 있기 때문에 이 종목도
상승할 것이라 예측할 수 있습니다.

코마츠 제작소(6301) 2005년 6월 1일~2005년 11월 30일

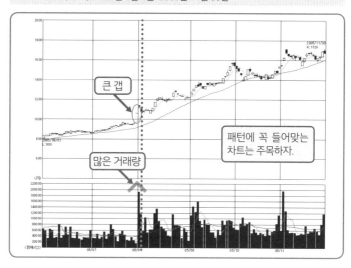

큰 갭

많은 거래량

패턴에 꼭 들어맞는
차트는 주목하자.

Q60 많은 거래량, 큰 갭, 거기다 봉(캔들)은 윗꼬리가 나와 있습니다. 이 경우, 갭을 채우지 않고 새롭게 상승 추세에 들어갈까요?

KYB(7242) 2006년 5월 1일~2006년 12월 29일

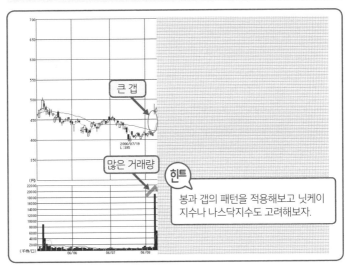

큰 갭

2006/07/19
L:395

많은 거래량

힌트
봉과 갭의 패턴을 적용해보고 닛케이
지수나 나스닥지수도 고려해보자.

Q61 앞으로 주가는 어떤 추이를 보일지 예측해주세요.

보쉬(6041) 2004년 3월 1일~2004년 9월 30일

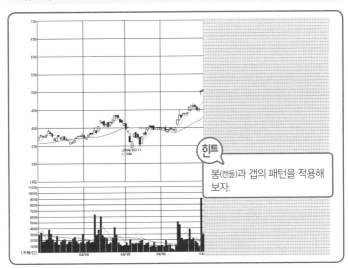

2004/05/11
L:344

힌트
봉(캔들)과 갭의 패턴을 적용해
보자.

많은 거래량과 큰 갭의 패턴을 통해 주가는 위를 향한 것이라 예측할 수 있습니다. 닛케이지수나 나스닥지수도 상승 추세에 있기 때문에 매수해야 한다고 판단할 수 있습니다.

KYB(7242) 2006년 5월 1일~2006년 12월 29일

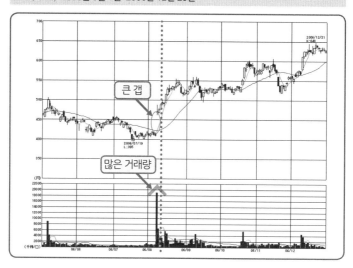

많은 거래량, 큰 갭의 패턴입니다. 큰 갭과 함께 거래량도 증가하고 있으므로 갭이 생긴 방향으로 움직일 것이라 예측할 수 있습니다.

보쉬(6041) 2004년 3월 1일~2004년 9월 30일

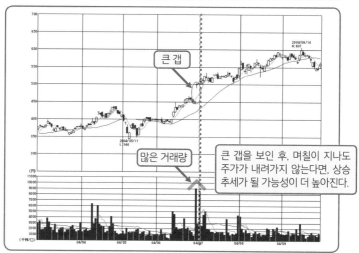

이중바닥형이 간파되어 봉이 5일 이동평균선의 위에 와 양봉이 많아졌습니다. 앞으로의 주가의 움직임을 예측해주세요.

파이오니아(6773) 2006년 4월 3일~2006년 9월 29일

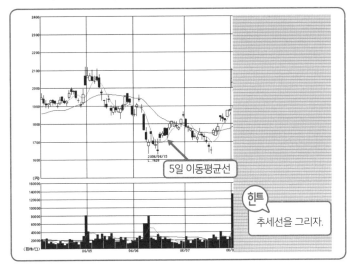

5일 이동평균선

힌트

추세선을 그리자.

많은 거래량과 함께 큰 갭이 생겨 주가가 상승하고 있습니다. 당신이라면 사겠습니까? 이때 익절선은 어느 정도입니까?

아식스(7936) 2006년 5월 1일~2006년 11월 30일

힌트

큰 갭 선과 최저가 선을 그려보자.

추세선을 그려보세요. 주가가 추세선을 브레이크아웃하고 있으므로 주가는 상승할 것이라 예측할 수 있습니다.

파이오니아(6773) 2006년 4월 3일~2006년 9월 29일

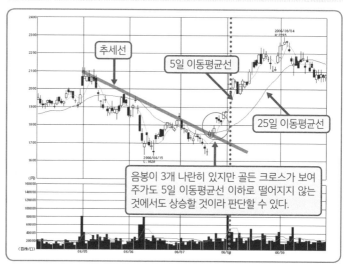

추세선

5일 이동평균선

25일 이동평균선

음봉이 3개 나란히 있지만 골든 크로스가 보여 주가가 5일 이동평균선 이하로 떨어지지 않는 것에서도 상승할 것이라 판단할 수 있다.

주가가 위로 갭이 생겼을 때 거래량은 급증합니다. 양봉도 나와 있으므로 위로 생긴 갭과 같은 방향으로 주가가 상승할 것이라 예측할 수 있습니다.

아식스(7936) 2006년 5월 1일~2006년 11월 30일

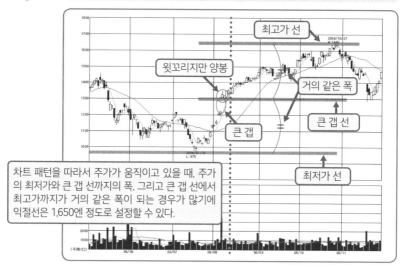

최고가 선

윗꼬리지만 양봉

거의 같은 폭

큰 갭

큰 갭 선

최저가 선

차트 패턴을 따라서 주가가 움직이고 있을 때, 주가의 최저가와 큰 갭 선까지의 폭, 그리고 큰 갭 선에서 최고가까지가 거의 같은 폭이 되는 경우가 많기에 익절선은 1,650엔 정도로 설정할 수 있다.

A지점에서 음봉이 나오면서도 주가는 급등했습니다. B지점에서는 윗꼬리 음봉 + 장대음봉이 나타났습니다. 당신이라면 여기에서 팔겠습니까? 아니면 좀 더 이익을 늘리겠습니까?

씨포 테크놀로지(2355) 2004년 4월 5일~2004년 11월 30일

주가의 급등, 그리고 윗꼬리 음봉 + 장대음봉이 나오면 주가가 하락할 가능성이 높아집니다. 신속하게 이익을 확정해 상황을 지켜보는 것이 좋을 것입니다.

씨포 테크놀로지(2355) 2004년 4월 5일~2004년 11월 30일

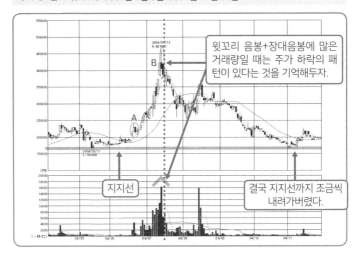

윗꼬리 음봉+장대음봉에 많은 거래량일 때는 주가 하락의 패턴이 있다는 것을 기억해두자.

지지선

결국 지지선까지 조금씩 내려가버렸다.

차트 패턴
'골든 크로스'에 관한 연습 문제

'골든 크로스'란,
5일 이동평균선이 25일
이동평균선을 아래에서
위로 뚫고 올라간 상태를
가리킵니다. 그 후, 주가가
상승할 가능성이 높아집니다.

* 주가 차트의 이동평균선은 진한 선이 25일 이동평균선,
연한 선이 5일 이동평균선이 됩니다.

65 A지점에서 주가가 5일 이동평균선 위에 왔기 때문에 이 종목을 매수했는데, 곧 하락했습니다. B지점에서 다시 주가가 5일 이동평균선을 상회했는데, 당신이라면 매수하겠습니까?

NEC 필딩(2322) 2006년 3월 1일~2006년 10월 31일

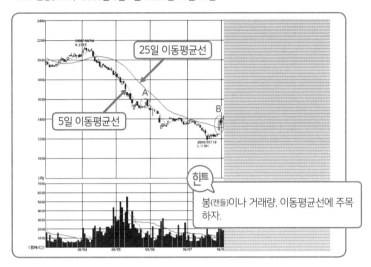

힌트
봉(캔들)이나 거래량, 이동평균선에 주목하자.

66 주가는 보합세인 것 같은데, 기술적 분석에서 앞으로의 주가의 움직임을 예측해주세요.

스미토모 금속광산(5713) 2006년 8월 1일~2007년 3월 30일

힌트
추세선을 그리자.

매수합니다. B지점에서는 골든 크로스가 되고 있기에 주가는 상승할 것이라 예측할 수 있습니다. 그 외에 A지점과 B지점의 명암을 나눈 포인트는 차트대로입니다.

NEC 필딩(2322) 2006년 3월 1일~2006년 10월 31일

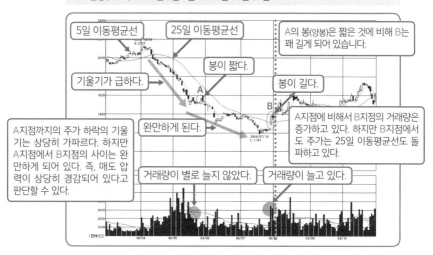

추세선에서 보합세의 브레이크아웃으로 주가가 위로 뚫고 올라갔다는 것을 알 수 있습니다. 이동평균선이 골든 크로스가 되고 있다는 점에서도 판단할 수 있습니다.

스미토모 금속광산(5713) 2006년 8월 1일~2007년 3월 30일

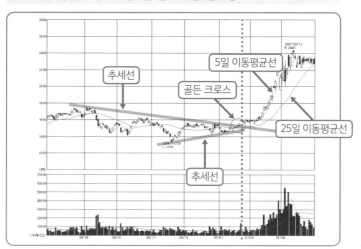

삼중바닥형이 형성되어 이동평균선이 골든 크로스되고 있는데, 여기에 서 어떤 예측을 할 수 있을까요?

도쿄급행(9005) 2006년 5월 1일~2006년 12월 30일

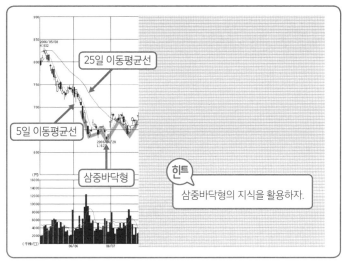

25일 이동평균선

5일 이동평균선

삼중바닥형

힌트

삼중바닥형의 지식을 활용하자.

골든 크로스가 되어 있는 데다 주가는 5일 이동평균선을 넘고 있기 때 문에 상승할 것이라 판단할 수 있습니다.

도쿄급행(9005) 2006년 5월 1일~2006년 12월 30일

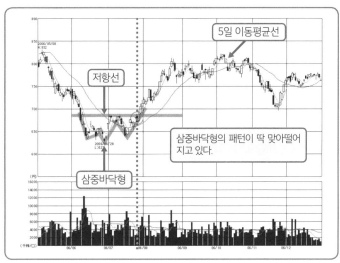

5일 이동평균선

저항선

삼중바닥형의 패턴이 딱 맞아떨어 지고 있다.

삼중바닥형

차트 패턴
'데드 크로스'에 관한 연습 문제

'데드 크로스'란
5일 이동평균선이 25일
이동평균선을 위에서 아래로
뚫는 것을 말합니다.
'골든 크로스'와는 반대로
주가가 하락할 가능성이 높고
매도 신호의 하나라고 생각할
수 있습니다.

* 주가 차트의 이동평균선은 진한 선이 25일 이동평균선,
  연한 선이 5일 이동평균선이 됩니다.

삼각 수렴형의 패턴입니다. 앞으로 주가는 상승할 것이라 생각합니까?
예측과 그 근거를 생각해보세요.

마루산 증권(8613) 2006년 5월 1일~2006년 12월 29일

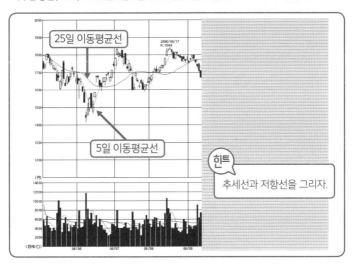

이중바닥형이 보여 주가가 추세선을 돌파했습니다. 거기다 바닥 시세
권에서 많은 거래량을 보입니다. 좋은 조건이 3가지 갖추어졌는데, 당
신이라면 매수하겠습니까?

아리사와 제작소(5208) 2006년 4월 3일~2006년 11월 30일

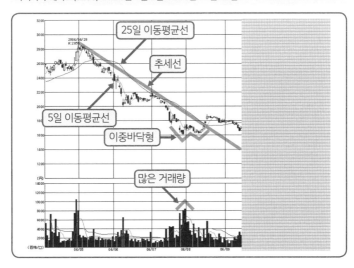

① 저항선을 넘을 수 없다, ② 추세선 이하로 떨어져버렸다, ③ 데드 크로스가 나타났다, 이 3개의 신호가 나와 있으므로 주가는 하락할 것이라 예측할 수 있습니다.

마루산 증권(8613) 2006년 5월 1일~2006년 12월 29일

좋은 조건이 갖춰져 있어도 이동평균선이 데드 크로스되면 사면 안 됩니다. 이것은 기술적 분석의 기본 중의 기본이라고 할 수 있습니다.

아리사와 제작소(5208) 2006년 4월 3일~2006년 11월 30일

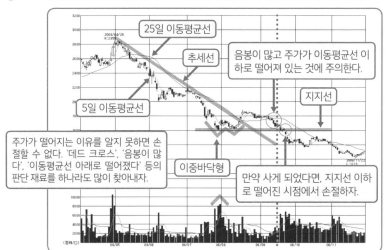

주가가 추세선을 반전해서 5일 이동평균선 위에 온 것을 확인하고 매수했습니다. 그런데, 다시 주가가 5일 이동평균선 아래로 떨어졌습니다. 어떻게 하겠습니까?

스미토모 고무(5110) 2006년 7월 3일~2007년 2월 28일

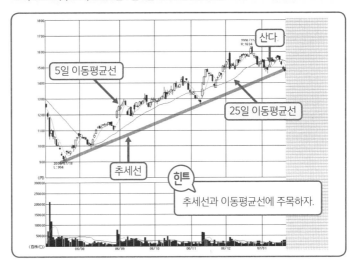

주가가 추세선을 돌파해 양봉이고, 그것도 5일 이동평균선 위에 와서 샀습니다. 그런데 그 후, 주가는 하락했습니다. 어떻게 하겠습니까?

아리사와 제작소(5208) 2006년 4월 3일~2006년 11월 30일

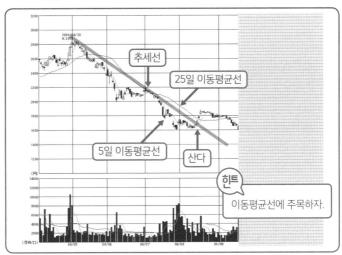

이때는 세계 증시 하락 전이기에 닛케이지수도 순조로운 상황이었으나 이 종목에서는 이동평균선이 데드 크로스되고 있어 신속히 손절하는 것이 좋을 것입니다.

스미토모 고무(5110) 2006년 7월 3일~2007년 2월 28일

주가가 추세선을 브레이크아웃했지만, 이동평균선이 데드 크로스되고, 음봉도 많아졌습니다. 빨리 매도하는 것이 좋을 것입니다.

아리사와 제작소(5208) 2006년 4월 3일~2006년 11월 30일

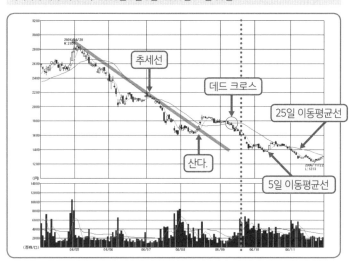

이 종목은 A지점에서 골든 크로스 후, 주가가 오르고 있습니다. B지점에서 데드 크로스가 되고 있는데, 당신이라면 매도하겠습니까?

미츠이제당(2109) 2004년 2월 2일~2004년 10월 31일

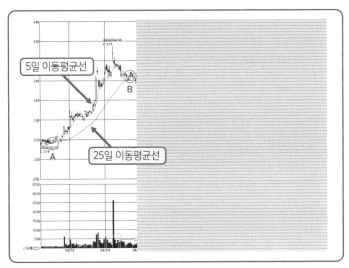

삼중천정형이 나타났습니다. 만약 당신이 이 종목을 가지고 있다면 매도하겠습니까? 아니면 계속 가지고 있겠습니까?

마루이그룹(8252) 2006년 7월 3일~2007년 2월 28일

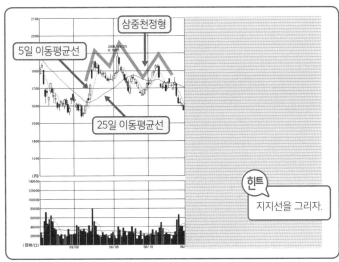

A지점에서 골든 크로스된 후, 순조롭게 주가가 상승하는 패턴이기에 데드 크로스되면 빨리 파는 것이 좋을 것입니다.

미츠이제당(2109) 2004년 2월 2일~2004년 10월 31일

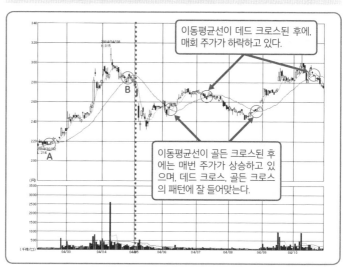

이동평균선이 데드 크로스된 후에, 매회 주가가 하락하고 있다.

이동평균선이 골든 크로스된 후에는 매번 주가가 상승하고 있으며, 데드 크로스, 골든 크로스의 패턴에 잘 들어맞는다.

이동평균선이 데드 크로스(A)가 되고 있습니다. 주가가 지지선에서 더 떨어지고 있기에(B) 빨리 팔고 손절하는 것이 좋을 것입니다.

마루이그룹(8252) 2006년 7월 3일~2007년 2월 28일

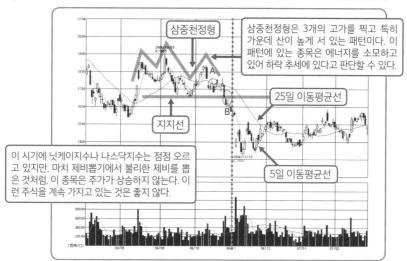

삼중천정형

삼중천정형은 3개의 고가를 찍고 특히 가운데 산이 높게 서 있는 패턴이다. 이 패턴에 있는 종목은 에너지를 소모하고 있어 하락 추세에 있다고 판단할 수 있다.

25일 이동평균선

지지선

이 시기에 닛케이지수나 나스닥지수는 점점 오르고 있지만, 마치 제비뽑기에서 불리한 제비를 뽑은 것처럼, 이 종목은 주가가 상승하지 않는다. 이런 주식을 계속 가지고 있는 것은 좋지 않다.

5일 이동평균선

삼중천정형의 여러 가지 패턴

카시오(6952) 2006년 5월 1일~2006년 12월 29일

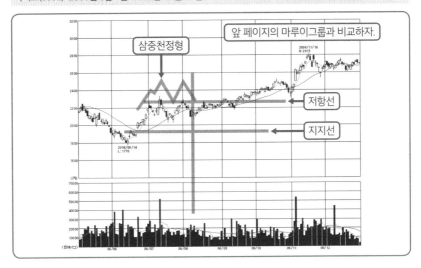

손절선을 판단 기초로! ·······················

카시오와 앞 페이지의 마루이그룹은 닮은 듯한 삼중천정형의 차트 패턴이 나와 있지만, 카시오의 주가는 패턴과 달리 상승으로 바뀌었습니다. 그리고 닛케이지수나 나스닥지수가 순조로운 상태이기에 전체적으로 큰 흐름을 따르며 더욱 상승했습니다. 전체 지수의 동향과 아울러 살펴보면 예측의 정밀도는 높아집니다.

하지만 마루이그룹과 같이 전체의 움직임과 다른 드문 케이스도 있어 주가의 상승과 하락을 100% 맞추는 것은 불가능합니다. 손절선 이하로 떨어진 것은 하루 빨리 털어내야 합니다. '손해는 빨리 자르고, 이익은 버텨 늘리자'라는 마음이 중요합니다.

차트 패턴
'이중바닥형'에 관한
연습 문제

'이중바닥형(w형)'은, 주가가 알파벳 w 모양의 움직임을 함으로써 두 번 바닥 시세가 된 후에 상승하기 시작하는 패턴입니다. 특히, 목선을 돌파하면 상승 가능성이 높아져 매수 신호가 됩니다. 그때, 거래량이 급증하면 더욱 주가가 상승할 것이라 판단할 수 있습니다.

이중바닥형이 형성되어 있습니다. 주가가 상승 추세에 있는 듯한데, 당신은 익절선을 어디에 설정하겠습니까?

일본 카본(5302) 2006년 3월 1일~2006년 10월 31일

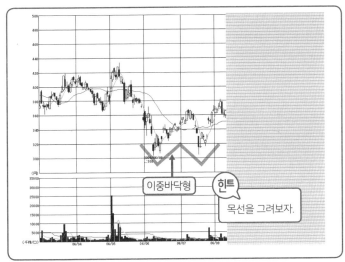

이중바닥형을 형성하고 있고, 거래량도 증가하고 있습니다. 당신은 이 종목을 매수하겠습니까?

노리타케(5331) 2006년 4월 3일~2006년 11월 30일

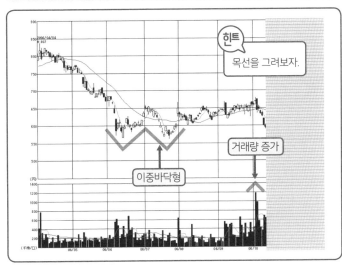

이중바닥형의 이익 목표는 저가와 목선의 시세 폭과 같은 정도를 목선
에 더 얹은 곳입니다. 이중바닥형을 형성해 주가가 목선을 넘었다면 매
수합니다.

일본 카본(5302) 2006년 3월 1일~2006년 10월 31일

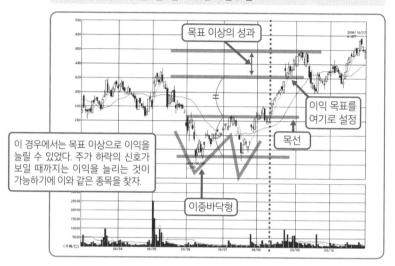

목표 이상의 성과

이익 목표를
여기로 설정

목선

이 경우에서는 목표 이상으로 이익을
늘릴 수 있었다. 주가 하락의 신호가
보일 때까지는 이익을 늘리는 것이
가능하기에 이와 같은 종목을 찾자.

이중바닥형

주가가 추세선 이하로 떨어져 이중바닥형의 목선도 넘지 못하고 있기
에 사지 않는 것이 좋습니다.

노리타케(5331) 2006년 4월 3일~2006년 11월 30일

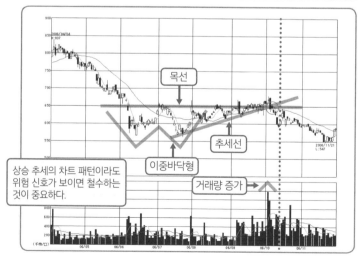

목선

추세선

이중바닥형

상승 추세의 차트 패턴이라도
위험 신호가 보이면 철수하는
것이 중요하다.

거래량 증가

Q76 차트에 이중바닥형이 형성되어 있습니다. 당신이라면 매수하겠습니까? 매수한다면 익절선을 어디에 두겠습니까?

모스 푸드 서비스(8153) 2006년 9월 1일~2007년 3월 16일

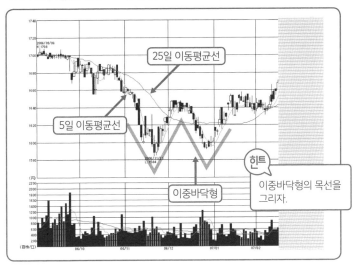

Q77 차트는 이중바닥형을 형성하고 있는 것처럼 보입니다. 당신이라면 사 겠습니까? 앞으로의 주가의 움직임을 예측해주세요.

미츠비시 UFJ니코스(8583) 2006년 6월 1일~2007년 1월 31일

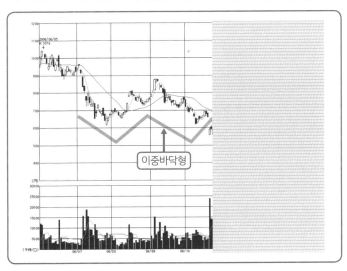

이중바닥형을 형성하고 있고 목선을 넘고 있기에 매수합니다. 익절선은 바닥 시세에서 목선까지의 시세 폭과 같은 정도를 목선에 올린 곳입니다.

모스 푸드 서비스(8153) 2006년 9월 1일~2007년 3월 16일

이중바닥형이 형성될 거 같은데, 무너져버렸습니다. 주가가 이중바닥형 이하로 떨어져버려 하락 추세에 들어갈 것 같으므로 사지 않는 것이 좋을 것 같습니다.

미츠비시 UFJ니코스(8583) 2006년 6월 1일~2007년 1월 31일

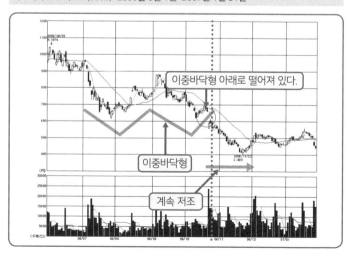

Q78 이 차트에서 이중바닥형이 형성되어 있는 것을 보고 주가는 상승할 것이라 판단했습니다. 당신이라면 어디에서 매수하겠습니까? 매수 포인트를 짚어주십시오.

요미우리랜드(9671) 2006년 5월 1일~2007년 2월 28일

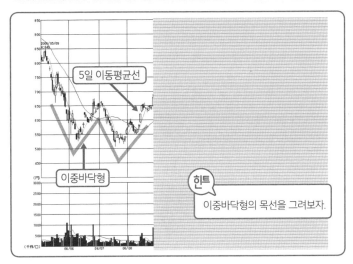

5일 이동평균선

이중바닥형

힌트

이중바닥형의 목선을 그려보자.

Q79 이와 같은 차트 패턴을 그리는 종목이 있습니다. 당신이라면 매수하겠습니까? 아니면 매도하겠습니까? 만약 매수한다면 익절선을 집어주세요.

도부철도(9001) 2004년 7월 1일~2005년 2월 28일

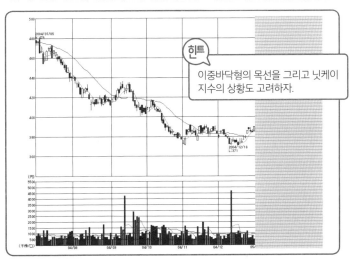

힌트

이중바닥형의 목선을 그리고 닛케이 지수의 상황도 고려하자.

두 번 바닥을 찍은 주가가 5일 이동평균선의 위에 오면 이중바닥형을 형성했다고 생각해도 좋습니다. 여기가 매수 포인트입니다.

요미우리랜드(9671) 2006년 5월 1일~2007년 2월 28일

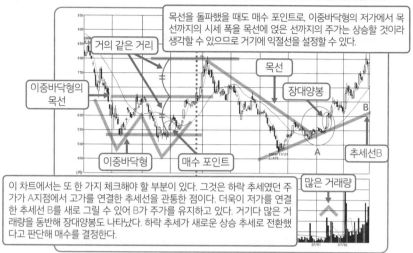

목선을 돌파했을 때도 매수 포인트로, 이중바닥형의 저가에서 목선까지의 시세 폭을 목선에 얹은 선까지의 주가는 상승할 것이라 생각할 수 있으므로 거기에 익절선을 설정할 수 있다.

거의 같은 거리

이중바닥형의 목선

목선

장대양봉

이중바닥형

매수 포인트

추세선B

많은 거래량

이 차트에서는 또 한 가지 체크해야 할 부분이 있다. 그것은 하락 추세였던 주가가 A지점에서 고가를 연결한 추세선을 관통한 점이다. 더욱이 저가를 연결한 추세선 B를 새로 그릴 수 있어 B가 주가를 유지하고 있다. 거기다 많은 거래량을 동반해 장대양봉도 나타났다. 하락 추세가 새로운 상승 추세로 전환했다고 판단해 매수를 결정한다.

닛케이지수의 상승과 같은 타이밍에서 이중바닥형을 형성하고 있으므로 상승 추세에 있다고 예측합니다. 목선을 돌파한 것을 확인하고 매수합니다.

도부철도(9001) 2004년 7월 1일~2005년 2월 28일

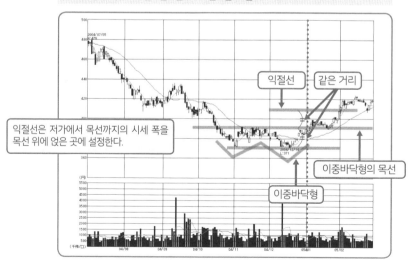

익절선

같은 거리

익절선은 저가에서 목선까지의 시세 폭을 목선 위에 얹은 곳에 설정한다.

이중바닥형의 목선

이중바닥형

Q80 이와 같은 차트 패턴을 그리고 있는 종목이 있습니다. 당신은 이 종목을 매수하겠습니까? 만약 당신이 이 종목을 가지고 있다면 매도하겠습니까?

GMO 인터넷(9449) 2004년 6월 1일~2005년 1월 31일

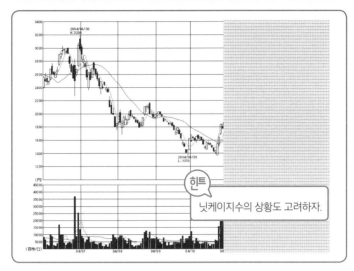

힌트
닛케이지수의 상황도 고려하자.

Q81 이 종목은 앞으로 상승할까요? 아니면 하락할까요? 기술적 분석에서 판단해주세요.

스미토모 경금속(5738) 2006년 8월 1일~2007년 3월 30일

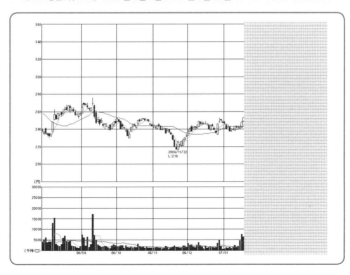

이중바닥형에서 2개의 이동평균선이 상향해 주가도 그 위에 와 있습니다. 거래량 증가로 상승 추세에 있으므로 주가가 목선을 돌파하면 매수합니다.

GMO 인터넷(9449) 2004년 6월 1일~2005년 1월 31일

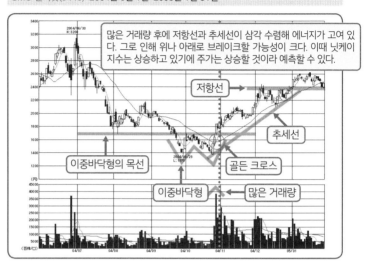

많은 거래량 후에 저항선과 추세선이 삼각 수렴해 에너지가 고여 있다. 그로 인해 위나 아래로 브레이크할 가능성이 크다. 이때 닛케이 지수는 상승하고 있기에 주가는 상승할 것이라 예측할 수 있다.

저항선

추세선

이중바닥형의 목선

골든 크로스

이중바닥형

많은 거래량

삼중바닥형이 형성되어 있습니다. 이것은 이중바닥형의 진화형으로 주가 상승의 신호입니다.

스미토모 경금속(5738) 2006년 8월 1일~2007년 3월 30일

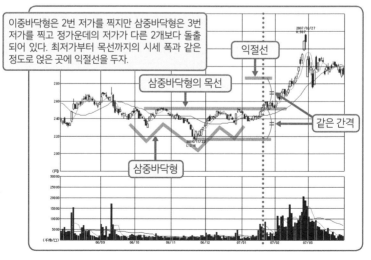

이중바닥형은 2번 저가를 찍지만 삼중바닥형은 3번 저가를 찍고 정가운데의 저가가 다른 2개보다 돌출되어 있다. 최저가부터 목선까지의 시세 폭과 같은 정도로 얹은 곳에 익절선을 두자.

익절선

삼중바닥형의 목선

같은 간격

삼중바닥형

이중바닥형 보는 방법을 잘 모르겠습니다.
이 패턴을 보는 요령을 알려주세요.

이중바닥형을 보는 것이 어려운 것은 나중에 돌이켜보면 결과적으로 이중바닥형이었는데, 매일 차트를 보고 있으면 이중바닥형이 형성되고 있다고 좀처럼 알아채기 힘들기 때문입니다.

예를 들면, 2007년의 닛케이지수 차트를 봐주십시오. 2월 말부터 3월 초에 걸쳐 발생한 세계 증시 하락 때나 8월에 발생한 서브프라임론 사태에서도 한참 후에서야 차트가 'W'와 같은 형태가 되고 나서 반등했다는 것을 알 수 있습니다.

이처럼 나중이 되어서야 냉정한 정신 상태가 되어 되돌아보면 이중바닥형 같은 것은 언뜻 보기에는 간단한 것처럼 보입니다. 앞의 일들은 모두 급격한 주가 폭락의 직후입니다. 투자자는 정신적 충격을 받아 냉정한 판단이 불가능한 경우가 많습니다. 그뿐만 아니라 그 후 수일에서 한 달 정도의 기간 동안 주가가 격심하게 상하로 움직이는 경우도 많아 투자자는 그것에 농락당하기 쉽습니다. 다시 말해, 대폭락 직후라 안 그래도 냉정한 정신 상태가 아닌데 주가가 상하로 격심하게 우왕좌왕하면 투자자는 자신을 잃어버리기 쉽습니다. 따라서 나중이 되어서야 '그때가 기회였네'라고 후회하는 경우는 많아도 막상 그 순간에 적확한 행동을 하는 것은 의외로 어렵습니다.

그럼 어떤 식으로 대처하는 것이 좋을까요? 대폭락 후에 주가가 일단 반등했지만, 다시 하락한 경우, 이 이중바닥형의 차트 패턴을 상상하면서 하루에 한 번은 닛케이지수 차트를 보면 좋습니다. 그러면 머지 않아 W자 우측 바닥 부근에서 봉이 5일 이동평균선을 넘게 되는 순간을 만나 매수 기회라는 것을 알게 될 것입니다.

차트 패턴
'닛케이지수'에 관한 연습 문제

개별 종목이 전체 지수의
동향에 연동하는 경우도
많기에 예측할 때는 반드시
닛케이지수를 확인해주세요.
단, 닛케이지수와 연동되지
않는 종목도 있습니다.
각 종목 차트 패턴을 보면
닛케이지수와 연동하기 쉬운
종목인지, 그다지 영향을 받지
않는 종목인지 등이
보일 것입니다.

82 상승 추세로 보이는 차트이지만, 가장 가까이에 음봉이 나와 있으므로 불안하기도 합니다. 당신이 이 종목을 매수했다면, 이 이후 어떻게 하겠습니까?

아빌릿(6423) 2006년 2월 1일~2006년 8월 31일

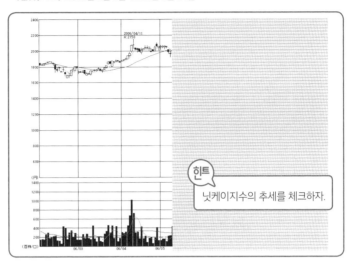

힌트

닛케이지수의 추세를 체크하자.

83 주가는 하락에서 회복해 추세선을 따라서 상승 중입니다. 위의 추세선까지 오를 것이라 전망해 당신이라면 매수하겠습니까?

GMO 인터넷(9449) 2006년 4월 3일~2006년 11월 30일

데드 크로스에 더해 주가가 2개의 이동평균선 이하로 떨어져 있습니다. 닛케이지수의 급락과 겹쳐 있기에 빨리 매도하는 것이 좋을 것입니다.

아빌럿(6423) 2006년 2월 1일~2006년 8월 31일

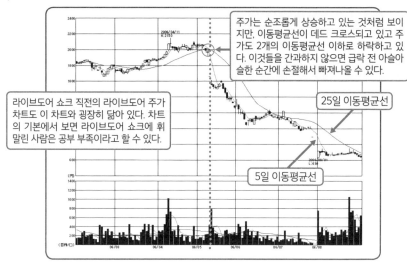

주가는 순조롭게 상승하고 있는 것처럼 보이지만, 이동평균선이 데드 크로스되고 있고 주가도 2개의 이동평균선 이하로 하락하고 있다. 이것들을 간과하지 않으면 급락 전 아슬아슬한 순간에 손절해서 빠져나올 수 있다.

라이브도어 쇼크 직전의 라이브도어 주가 차트도 이 차트와 굉장히 닮아 있다. 차트의 기본에서 보면 라이브도어 쇼크에 휘말린 사람은 공부 부족이라고 할 수 있다.

25일 이동평균선

5일 이동평균선

추세선 이하로 떨어질 것 같을 때는 주의해야 합니다. 떨어진 시점에서 그대로 하락 추세가 되는 경우가 있기에 조금 기다리는 것이 좋을 것입니다.

GMO 인터넷(9449) 2006년 4월 3일~2006년 11월 30일

지지선이 저항선으로 변해 있기 때문에 여기에서 선을 넘는 것이 불가능하다. 이와 같이 추세선도 지지선·저항선의 역할을 한다.

추세선

닛케이지수나 나스닥지수의 주가는 순조롭게 올라가고 있었지만, 이 종목은 상승하지 않고 아래의 추세선 이하로 떨어졌다. 선에서 한 번 떨어지면 빨리 포기하자.

추세선(저항선)

84 역 V자형의 움직임을 보이고 있는데, 주가 변동 폭의 크기가 눈에 띕니다. 주가가 5일 이동평균선 위에 일시적으로 왔기 때문에 사기로 했습니다. 이 판단은 옳을까요?

제이브리지(9318) 2006년 3월 1일~2006년 9월 29일

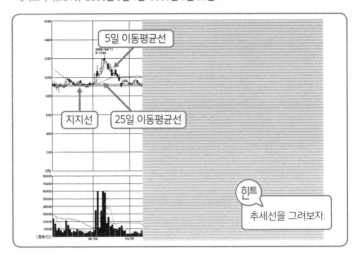

84 지지선 이하로 떨어질 것 같으면 매수하는 것은 위험합니다. 게다가 닛케이지수 급락과 겹쳐 있기에 매수 시나리오는 성립되지 않을 것이라 판단합니다.

제이브리지(9318) 2006년 3월 1일~2006년 9월 29일

차트 패턴

'호재와 악재'에 관한 연습 문제

스윙 트레이드에서는 기본적 분석보다 기술적 분석을 중시합니다. 하지만 결산보고나 뉴스에서 경영에 관한 정보가 나왔을 때는 주의가 필요합니다. 그 영향으로 주가가 반전할 가능성이 있기 때문입니다. 반드시 좋은 뉴스가 상승과 연결되거나 나쁜 뉴스가 하락과 연결된다고는 할 수 없지만 체크를 게을리하면 안 됩니다.

주가는 저항선에 접어들어 브레이크아웃할 것 같습니다. 그 후, 어떻게 전개될까요? 또, 그러한 판단을 한 근거는 무엇인가요?

도쿄전력(9501) 2006년 3월 1일~2007년 2월 28일

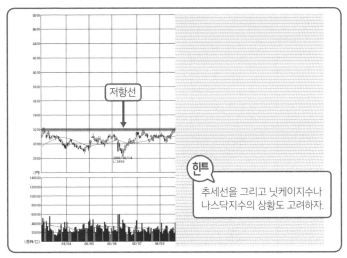

힌트
추세선을 그리고 닛케이지수나 나스닥지수의 상황도 고려하자.

바닥 시세를 뒤엎고 주가가 5일 이동평균선을 돌파 후, 양봉이 나타났기에 구입했습니다. 3일 후에 25일 이동평균선을 돌파해 다시 양봉이 나타났습니다. 이후 어떻게 하겠습니까?

시바우라 메카트로닉(6590) 2006년 5월 1일~2006년 12월 29일

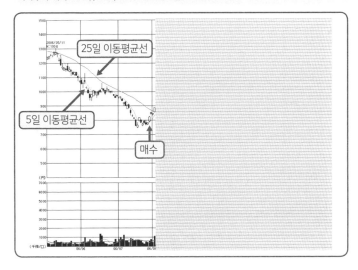

추세선을 따라 주가는 상승할 것이라 예측합니다. 나스닥지수도 추세선을 브레이크해서 급상승 중입니다. 닛케이지수도 이중바닥형의 목선을 돌파하고 있는 것에서 판단합니다.

도쿄전력(9501) 2006년 3월 1일~2007년 2월 28일

저항선

지지선

추세선

한 번 주가가 떨어졌지만, 금세 돌아왔다. 저항선이 지지선으로 바뀌고 게다가 추세선이 작용하고 있는 것을 확인할 수 있어 아직 상승할 것이라 판단할 수 있다.

기업 실적에 관해 나쁜 발표가 있었습니다. 그야말로 청천벽력입니다. 닛케이지수는 상승 중이기 때문에 어쩔 수 없지만 손절 이외의 선택지는 없습니다.

시바우라 메카트로닉(6590) 2006년 5월 1일~2006년 12월 29일

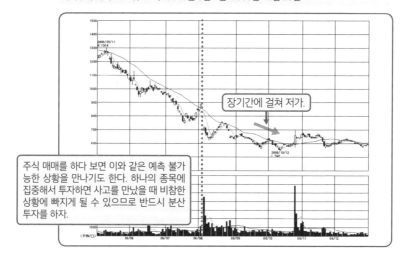

장기간에 걸쳐 저가.

주식 매매를 하다 보면 이와 같은 예측 불가능한 상황을 만나기도 한다. 하나의 종목에 집중해서 투자하면 사고를 만났을 때 비참한 상황에 빠지게 될 수 있으므로 반드시 분산 투자를 하자.

87 추세선이 수렴하고 있고, 닛케이지수도 상승 추세입니다. 그런데 2월 결산 발표에서 기업 실적 악화가 판명되었습니다. 앞으로 주가의 움직임을 어떻게 판단하겠습니까?

후지쿠라(5803) 2006년 9월 1일~2007년 4월 27일

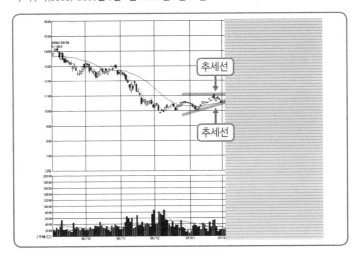

88 A지점에서 골든 크로스가 되고 있고, B지점에서도 크로스될 것 같으므로 집중 매수하려고 했는데, 대폭적인 구조조정을 발표했습니다. 당신이라면 어떻게 하겠습니까?

에네서브(6519) 2006년 1월 5일~2006년 8월 31일

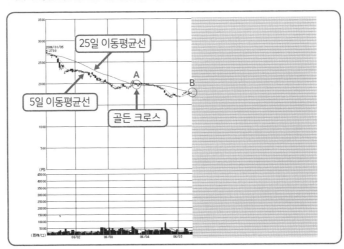

결산 발표에서 기업 실적 악화가 판명되면 매도 주문이 잇따르기 때문에 당연히 주가는 내려갑니다. 가장 기본적인 부분이지만, 결산 발표 시기는 반드시 체크해야 합니다.

후지쿠라(5803) 2006년 9월 1일~2007년 4월 27일

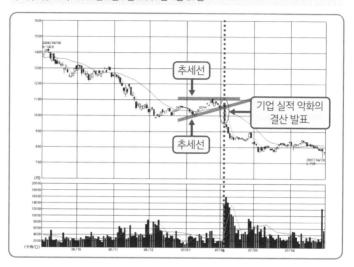

골든 크로스가 나타나 상승 추세라고 생각했지만, 2006년 5월에 대폭 구조 조정을 발표했습니다. 악조건 직후는 사지 않는 것이 좋습니다.

에네서브(6519) 2006년 1월 5일~2006년 8월 31일

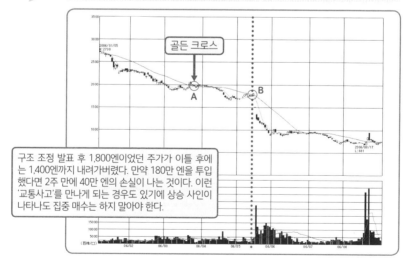

사고에 휘말리면 손절한다 ··

앞의 에네서브처럼 호재가 많았음에도 불구하고 느닷없이 생긴 나쁜 정보에 의해서 주가가 급락하는 경우가 있습니다. 아무리 조심해도 피해 갈 수가 없을 때가 있습니다. 이런 '교통 사고'에 휘말리면 어떻게 하는 것이 좋을까요?

분산 투자의 권유

그 전에 다시 한번 Q 88의 문제를 생각해보기 바랍니다. 좋은 조건이 갖춰져 있기에 '집중 매수'라고 쓰여 있습니다. 하지만 집중 매수는 하면 안 됩니다.

처음에는 굉장히 열심히 투자해도 어느새 일이 바빠지고 귀찮아지거나 해서 '이 종목은 좋을 것 같으니 이거면 되겠어. 이걸로 걸어보자'라고 투자금을 집중해버리게 됩니다. 이것은 인간 심리의 덫입니다. 에네서브와 같은 사고가 가끔씩 일어나기에 그것을 최대한 피하기 위해서는 반드시 분산 투자를 해주세요.

집중 투자는 하락했을 때 오기가 생겨 주식을 계속 가지고 있게 되는 단점도 있습니다. 즉, 분산 투자를 하게 되면 하나의 종목이 잘못되어도 다른 것으로 만회하면 괜찮다고 생각할 수 있지만, '이것밖에 없어'라는 상황이라면 집착도 강해져 그 종목에만 매달리게 됩니다.

주가가 돌아오는 것을 기대하지 않는다

에네서브는 하락 신호도 없이 갑자기 다음 날에 대폭락한 최악의 경우입니다. 피할 새도 없었습니다. 이와 같은 경우는 집중 매수로 투자했을 때는 물론, 분산 투자를 하고 있었다고 해도 손절하지 않으면 안 됩니다. 물타기를 하거나 손실 가능성이 있는 주식을 그대로 가지고 있다고 한들 이와 같은 종목의 주식은 상황에 따라서는 더 이상 돌아올 수 없기에 손실만 크게 할 뿐입니다.

제 친구 중에 이 종목이 급락했을 때 '여기까지 떨어졌으니 더 이상 안 떨어지겠지'라고 생각해 산 사람이 있었는데, 1,200엔에 산 것이 400엔까지 떨어진 적이 있습니다.

그렇기에 손절해서 그 후 새로운 차트 패턴, 상승 추세의 신호가 나타났을 때 다시 사는 것이 종합적으로 플러스가 됩니다. 알고 있어도 심리적으로는 그렇게 하기 힘들 것입니다. 하지만 '사고에 휘말리면 손절할 것', '하나의 종목에 집중 투자하지 않을 것', 이 두 가지는 굉장히 중요합니다. 이것이 불가능한 사람은 주식 투자로 성공할 수 없습니다.

'예외' 차트 패턴

앞에서도 여러 번 이야기했지만, 100% 확률로 예측하는 것은 불가능합니다. 기초 지식이나 차트 패턴을 구사해서 분석해도 예외적인 움직임을 보이는 종목을 만나게 되는 경우가 있기 때문입니다. 그럴 때는 어떻게 대처하면 좋을지 제 경험을 통해 설명하겠습니다.

▶ 세계 증시 하락 후에 주가가 올랐다

요시노야 홀딩스(9861) 2006년 9월 1일~2007년 4월 27일

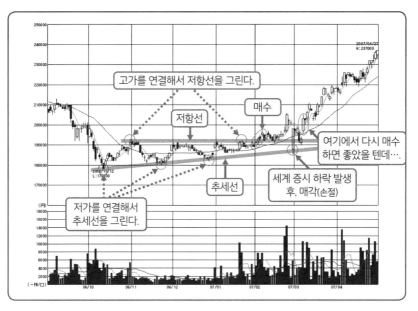

손절한 후, 다시 매수하는 것이 좋은 경우도 있다 ···············

이것은 저의 실패담입니다. 이 종목은 한동안 보합세였는데 저항선을 돌파했기에 보합세의 브레이크아웃이라고 판단해서 매수했습니다. 하지만 세계 증시 하락의 영향으로 하락했기에 손절했습니다. 이 자체는 잘못된 성공 체험이 몸에 배는 것을 방지했다는 의미에서 옳았다고 생각합니다.

그런데 주가가 다시 상승했습니다. 5일 이동평균선을 웃돌았을 때 다시 매수해야 했습니다. 제가 손절한 가격과 다시 사지 않으면 안 되었을 때의 가격이 조금 차이가 났기에 속상한 마음이 들어 판단을 재빨리 하지 못한 사이, 주가를 쫓아가지 못할 정도가 되었습니다.

추세선이 작용하고 있는 동안은 그것보다 떨어지지 않는 한, 상승한다고 생각하는 것이 좋습니다. 감정이야말로 주식 투자에서 최대의 적일지도 모릅니다. 그렇습니다. 적은 우리의 마음속에 숨어 있습니다.

닛신식품(2897) 2004년 1월 5일~2004년 12월 30일

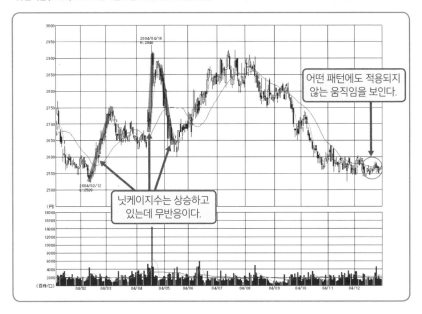

선을 그릴 수 없는 차트는 주의하자 ·····················

닛신식품은 제대로 된 종목이라는 이미지가 있습니다. 판매하고 있는 상품도 인기가 높고 기업 이미지도 좋습니다. 하지만 주식 투자가 되면 이야기는 달라집니다.

12월에는 닛케이지수는 브레이크아웃하고 있는데 이 종목은 무반응입니다. 게다가 차트를 보면 알 수 있겠지만, 추세선이나 지지선·저항선을 잘 그릴 수 없습니다.

상승하면 상승, 하락하면 하락이라고 어느 정도는 깔끔하게 선이 만들어지면 되는데, 봉(캔들)이 만들어지거나 상승과 하락을 반복하거나 하는 지저분한 차트는 아무리 우량 종목이라도 투자를 피하는 것이 좋습니다.

▶ 주식의 세계에서 '확신은 금물'

세가사미 홀딩스(6460) 2006년 5월 1일~2006년 12월 30일

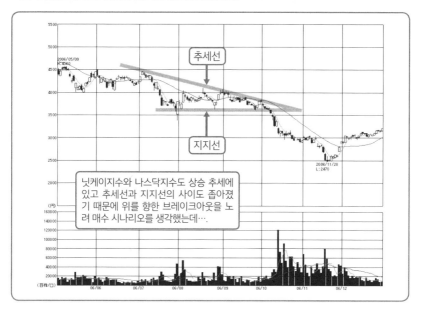

패턴에 적용되지 않는 경우도 있다는 것을 알아두자 ·················

닛케이지수나 나스닥지수가 올라가고 있음에도 불구하고 주가는 하락했습니다. 거기다 에너지가 고여 있던 만큼 하락 폭도 컸습니다.

앞에서 '나무(개별 종목)만 보고 숲(전체 지수)을 보지 못하면 안 된다'고 이야기했지만, 다 시든 나무가 숲에 섞여 있는 것은 어쩔 수가 없습니다. 나무가 시들면 기술적 분석의 패턴에 따라 지지선 이하로 떨어지면 손절합니다. 또는 지지선 이하로 떨어지면 손대지 말아야 합니다. '싸니까 사두자'라고 생각하기 쉽지만, 이 경우, 주가는 잘 돌아오기 힘듭니다.

인간은 확신을 가지고 싶어 합니다. '2개의 선이 삼각 수렴해서 에너지가 고여 있다. 닛케이지수도, 나스닥지수도 상승 추세다. 그러니까 이 주식은 꼭 오를 거야'라는 확신을 가지면 그대로 되지 않는 경우, '내가 옳고 시장이 잘못되었어. 이것은 일시적인 움직임에 지나지 않아'라고 해서 방치해 손해를 보게 되는 경우가 많습니다. 주식 투자는 결코 확신을 가져서는 안 되는 세계입니다.

▶ 변동구간의 교체에는 주의하자

아콤(8572) 2006년 7월 3일~2007년 3월 16일

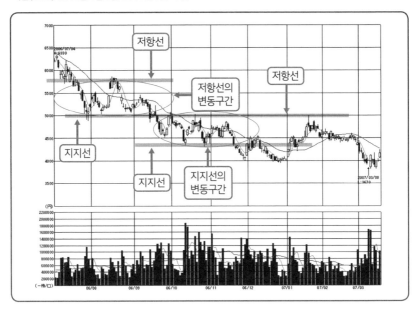

변동구간이 바뀌면 주가는 돌아오기 힘들다 ························

지지선과 저항선이 바뀐다는 이야기는 앞에서 몇 번이나 했습니다. 하지만 선뿐만이 아니라 변동구간도 바뀌는 경우가 있습니다. 위의 차트에서 처음에는 저항선의 변동구간이었는데 주가가 지지선 이하로 떨어지고부터는 지지선의 변동구간으로 바뀌었습니다.

구간이 아래로 교체되면 주가는 돌아오기 힘듭니다. 주가가 돌아오는 것을 기다려 팔려고 생각하는 사람이 많기 때문입니다.

▶ 닛케이지수가 강해도 '내려갈 것은 내려간다'

포사이드닷컴(2330) 2005년 1월 4일~2006년 2월 28일

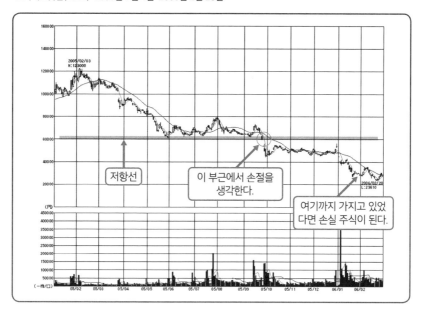

오르는 주식 시장이어도 손절의 기준을 정해두는 것이 중요하다 ····

2005년 닛케이지수의 움직임에는 다음과 같은 배경이 있습니다.

2005년 8월, 참의원에서의 '우정 민영화 관련 법안' 부결 후의 중의원 해산을 계기로 오랜 기간 뒤집혀 넘지 못했던 12,000엔을 위로 돌파, '보합세의 브레이크아웃' 차트 패턴을 만들었습니다.

2005년은 그것에 뒤따르는 차트 패턴을 찾아내 브레이크아웃에서 진입하거나 또는 그것에 대비하는 것이 적절한 듯했습니다. 그런데 아무리 시장이 강해도 승률 100%는 없습니다. 내릴 것은 내립니다. 주식 투자의 프로라도 실패하는 경우가 있습니다. 저도 이 종목을 선택했다가 손절했습니다.

'지지선 이하로 떨어지면 손절한다' 등의 기준을 정해두지 않으면 모처럼 오르는 주식 시장에서 발목이 잡히게 됩니다. '손해를 보고 싶지 않다'는 마음이 들더라도 물타기 매수 등은 하지 않도록 주의하세요.

에필로그

"시부야 씨의 꿈은 무엇입니까?"

강연회에서 자주 듣게 되는 질문입니다. 예전의 저라면, "주식으로 1억 엔!"이라고 대답했겠지만, 그것을 달성한 지금은 어떻게 답해야 할지 곤란할 때가 많습니다.

수치로만 생각한다면 벌고 싶은 금액은 1억 엔의 다음은 2억 엔, 그다음은 3억 엔, 다음은 5억 엔, 그다음은 10억 엔…. 끝이 없겠지요.

프로 주식 투자자들 중에는 200억 엔 가까이 달성한 분도 있지만, 보통 사람인 저에게는 꿈같은 이야기입니다. 가령 그만큼 벌었어도 평범한 회사원 가정에서 자란 저는 무엇을 해야 할지 감이 잡히지 않습니다. 그런데 왜 주식 투자를 계속하고 있냐고 묻는다면, 그 이유는 두 가지입니다.

첫 번째는 일생이라는 측면에서 봤을 때, 금융 자산 1억 엔은 부족한 감이 있습니다. 다른 일을 하거나 주식 투자로 계속해서 이익을 더 늘리지 않으면 안 됩니다. 게다가 부족한 것은 돈뿐만이 아닙니다. 일이든, 투자든, 인간은 만족감을 얻기 위해서 살고 있는 것이 아닐까요? 저는 1억 엔으로는 만족감을 얻을 수 없었습니다. 더 도전해야만 했습니다.

두 번째는 당신이 만약 작은 영토와 적은 병사 수를 가진 전국시대의 다이묘(일본에서 헤이안 시대에 등장해 19세기 말까지 각 지방의 영토를 다스리고 권력을 행사했던 유력자) 집안의 후계자로 태어났다고 한번 상상해보시기 바랍니다. 지금은 1,000명의 군대밖에 가지고 있지 않더라도 언젠가는 1만, 아니 10만 명의 대군을 지휘해보고 싶다고 생각하지 않나요?

어른이라도 어린아이와 같이 꿈을 언제까지라도 가질 수 있다면, 당신은 주식 투자를 하기에 적합한 사람일 것입니다. 더욱 많은 대군을 지휘해보고 싶다는 욕구는, 출세하고 싶다는 회사원의 욕구와 그다지 다르지 않다고 생각합니다.

저는 과거에 300만 엔으로 주식 투자를 시작했는데, 한때 2,000만 엔 가까이 늘리는 데 성공했습니다. 하지만 신용거래에서 크게 손해를 보아 자산은 150만 엔까지 크게 줄었고, 이러한 일들을 극복해 지금에 이르렀습니다. 모처럼 여기까지 왔으니 3억 엔, 아니 5억 엔의 투자를 운용하는 것은 어떤 기분일지 체감하고 싶습니다.

지금의 저를 지탱해주는 것은 의외로 이런 어린아이와 같은 마음일지도 모릅니다. 만약 주식 세계에서 제가 망하지 않고 계속 살아남을 수 있다면 언젠가는 다음 책에서 만날 수 있겠지요.

독자 여러분들이 주식 투자에서 조금이라도 많은 이익을 얻을 수 있기를 진심으로 바랍니다. 행운을 빕니다!

5가지 키워드를 활용한
주식 차트 실전 비법

제1판 1쇄 발행 | 2021년 8월 5일
제1판 4쇄 발행 | 2024년 7월 1일

지은이 | 시부야 다카오(渋谷高雄)
옮긴이 | 최윤경
펴낸이 | 김수언
펴낸곳 | 한국경제신문 *i*
책임편집 | 배성분, 이규재   디자인 | 노경녀 n1004n@hanmail.net
기획 · 제작 | ㈜두드림미디어

주소 | 서울특별시 중구 청파로 463
기획출판팀 | 02-333-3577
E-mail | dodreamedia@naver.com
등록 | 제 2-315(1967. 5. 15)

ISBN   978-89-475-4735-2 (03320)

한국경제신문 *i* 주식, 선물 도서 목록

두드림미디어
경제·경영, 재테크, 자기계발, 실용서 전문 출판 임프린트

㈜두드림미디어 카페
https://cafe.naver.com/dodreamedia

가치 있는 콘텐츠와 사람
꿈꾸던 미래와 현재를 잇는 통로

Tel : 02-333-3577
E-mail : dodreamedia@naver.com